新教师的
101个意外

101 Things I wasn't Taught
in My Education Classes

[美] 弗兰岑（Jodie Fransen）／著   王牧华　全晓洁／译

西南师范大学出版社
国家一级出版社　全国百佳图书出版单位

图书在版编目（CIP）数据

新教师的101个意外/（美）弗兰岑著；王牧华，全晓洁译.— 重庆：西南师范大学出版社，2016.3

书名原文：101 Things I wasn't Taught in My Education Classes

ISBN 978-7-5621-7841-5

Ⅰ.①新… Ⅱ.①弗…②王…③全… Ⅲ.①新教师-师资培养 Ⅳ.①G451.2

中国版本图书馆 CIP 数据核字（2016）第 046620 号

Copyright © 2008 by Incentive Publications, Inc.

This volume may not be produced in whole or in part in any form without prior written permission from the publisher

Simplified Chinese Copyright © 2016 by Chongqing Southwest China Normal University Press Co.,Ltd.

Simplified Chinese edition is published by arrangement with World Book, Inc. through Chengdu Rightol Media & Advertisement CO., LTD

新教师的101个意外

著　　者：	［美］弗兰岑（Jodie Fransen）
译　　者：	王牧华　全晓洁
责任编辑：	鲁　艺
封面设计：	玥玥设计
排　　版：	重庆大雅数码印刷有限公司·王　兴
出版发行：	西南师范大学出版社　地址：重庆市北碚区天生路1号
	邮编：400715 市场营销部电话：023-68868624
经　　销：	新华书店
印　　刷：	重庆升光电力印务有限公司
开　　本：	720mm×990mm 1/16　印　张：7.25　字　数：70千字
版　　次：	2016年4月第1版　印　次：2016年4月第1次印刷
著作权合同登记号：版贸核渝字（2015）第 311 号
书　　号：	ISBN 978-7-5621-7841-5
定　　价：	25.00元

目 录

第一部分　与学生相处中的意外事件　　1
第一章　违规行为与因果轮回　　3
第二章　作弊　　11
第三章　再谈学生与科技　　15
第四章　借口　　18
第五章　语言障碍　　22
第六章　其他值得注意的学生行为　　25

第二部分　与成人相处中的意外事件　　33
第七章　教师与科技　　35
第八章　实地考察　　40
第九章　尴尬时刻　　47
第十章　员工制度和不良行为　　52
第十一章　家长　　59

第三部分　更多的意外事件　　　　　　　　　　　　63

第十二章　假期　　　　　　　　　　　　　　　　　　65

第十三章　计划打断　　　　　　　　　　　　　　　　76

第十四章　人体生理功能　　　　　　　　　　　　　　83

第十五章　不可预料的责任　　　　　　　　　　　　　89

第十六章　其他莫名其妙的意外　　　　　　　　　　　93

第十七章　最后谈一些快乐和惊喜的事情　　　　　　　97

简介

  作为一名新教师，我对第一天的教学工作感到期待万分，我觉得自己早已准备充分，迫不及待地想要走上讲台。为了这一天，我已经打下坚实的知识基础，大学课堂上教授传授的每一个知识点、每一项技能，我都认真聆听、潜心领悟，自认为万事皆已具备。我开着车进入校门，踩上刹车稍作停顿，深吸一口气，调转车头驶入教职员工停车场，拉下手刹停好车，然后迈步走向我第一份"真正工作"的岗位。现在，我也成为这个地处富人区的学校里的一名员工了，打卡签到、带上工牌、转开门锁，进入312教室，那一刻，我感觉自己似乎拥有了全世界。

  然而，现实总是出人意料。随后我发现，为了成为一名教师我之前所做的种种准备，大学所学的课程、所有学识渊博的教授传授给我的知识，对于未来我需要应对的一切来说统统都只是九牛一毛而已。从第一天踏进教室的历史性时刻开始，我就已经彻底被惊得目瞪口呆，因为仅仅这一天我就经历了太多闻所未闻的情形，而在这之前，从未有人告诉过我，处理这些事情只是寻常教学工作的一部分而已！

接下来本书中要讨论的就是101件这样的事情，有的令人感到震惊，有的令人感到滑稽，还有一小部分令人感到恐惧，但是所有这些或喜或忧的事件累积在一起，成就了我最爱的工作：教学。 当然，世上没有哪两个教育者的经验是一模一样的，我不能肯定我发现的这些情形是否与你一样，但是至少有部分可能是一致的。 无论如何，我们可以肯定的是，与教学有关的事情总能给人带来惊喜！

第一部分　与学生相处中的意外事件

"我拖延了两天才上交作业,但是,通常情况下,我都会拖上四天左右。所以严格说来,这次交得太早了!"

"我五岁时,每个人都告诉我说要做一个大男孩。我十岁时,他们又告诉我说应当成熟些。现在他们说是时候像个大人一样处事了。照这个速度下去,还没等高中毕业,我就可以去社会安全局工作了。"

第一章　违规行为与因果轮回

作为孩子，当我做出什么不合规矩的事情时，父母经常热衷于在我耳旁念叨说：等有了孩子你就知道了！这让我领悟到了第一点学校没教给我的道理。

1.你学生时代所做的每一件"坏事"，都将在你成为教师时，以某种形式返回来困扰你。或许你曾是从来不记笔记的课堂"梦游者"，是嚼着口香糖每天无所事事混日子的校园小混混，是另类的涂鸦艺术家，是长期迟到早退、时常无故缺课的班级"老油条"，还是习惯于哗众取宠的课堂捣蛋鬼，或者你还做出过其他比上述"罪行"更加离经叛道的行为。不管怎样，所有你现在所能想起的、想不起的，你当年亲眼看见的、看不见的学生违规行为都将又一次不可避免地成为你生活中的一部分。转眼之间，时刻绷紧弦、咬紧牙、握紧拳，绞尽脑汁发现并拆穿学生的"阴谋诡计"和"陷阱圈套"已经成为你当下的职责所在，甚至在这一过程中，你还很可能暗暗地对某个稍显聪明的捣蛋者萌发了一点个人的小偏爱。顺便说一句，我多么希望那个叫Sam的男孩，就是那个在科学实验室里将青蛙的眼珠子弹向我的男孩，现在成为一名教师啊！他简直是"罪有应得"，应该让他亲身体验体验我当年的窘境！当然，如果你曾经是一个从不惹麻烦的乖学生，那以上我提到的"因果轮回说"则不适用你，请不要对号入座。若当年的你安分守己，这就意味着成为教师的你将遭遇超出你认知范围的、令你头昏脑涨的连连"惊喜"。

从另一个角度来说，拥有捣蛋行为的背景知识和亲身体验能经常性地帮助你在与学生的"较量"中掌握主动权。虽然你不可能预料学生谋划并企图实践的所有计划，但至少你能对可能出现的情况做到心中有数。另外，为了帮助你做好准备迎接随后的挑战，这一章的内容涉及一些我亲历的非常有意思的学生违规行为，供你了解与参考。

即使是在当今被高科技、数字化覆盖的校园，仍然还存在大量老套的学生捣乱的方式。虽然我知道会有纪律约束来处理这些问题，但是我并不认为这会起多大作用。

2.学校所设立的每一项规则都至少面临十一二个学生的威胁，他们虎视眈眈地盯着这些规则，致力于耗尽所有闲暇时间去研究如何花样百出地打破它。我列举的第一类例子是关于着装规范的，学校再三叮嘱我们不能穿短裤上学，可是一群男孩却迫不及待地想让所有人看见他们的短裤衩，于是他们将短裤穿在牛仔裤的外面。还振振有词地反驳道："我们并没有穿短裤啊！"同样的，我有一个学生热衷于同时穿两条裤子上学，大裤衩穿在外面，里面再套上一条符合规定的裤子。他辩驳说："你又没规定我所有的裤子都不能是裤衩，你只说穿在内裤外面的那条不能是裤衩。"谢天谢地，这些学生理所应当地遭遇了这些离经叛道的行为带来的麻烦。这样穿裤子走起路来非常不方便，他们一次又一次地被楼梯绊倒，而且还是倒在他们费尽心机想要留下好印象的女生面前。（关于大裤衩我说句题外话：如果你开始感到自己的工作太过于呆板乏味，我建议你去观察穿着大裤衩打篮球或者跑步的男生，老实说，我曾经常看见许多学生单手带球，只是因为他们不得不空出一只手提起大裤衩，防止它连带着内裤一起从身上滑下来。）

　　在这些严重违背着装规范的学生中也不乏一些女生。有个女生经常穿低胸衬衫或者吊带衫来学校，将内衣赫然暴露在外，招摇过市。我们自认为对于她的违规行为每次都做出了明确的警告，并勒令她回去换衣服，但她接下来的动作着实让我们大吃一惊。这位女生穿了一件又短小又紧身的白色 T 恤在外面，那其实是他弟弟的衣服！更离谱的是，在这件 T 恤下，她穿了一件大红的蕾丝内衣。她反驳道："该遮住的我都遮住了呀！"

　　接下来的例子中，学生们穿着不合时宜的 T 恤，却声称他们不知道衣服上的印文标志有双重意义。其中有一件 T 恤令我印象深刻，这件 T 恤上画了一群露营者围坐在篝火旁烤香肠。标题上写着一行字："这世界充满欢愉和游戏，直到你失去一根烤肠。"这句话的意义简直太隐晦了。另一件足球赛季常见的衬衫赤裸裸地展现了当地球队对内布拉斯加队（Nebraska Cornhuskers）的示威，衣服上写着"Huck the Fuskers"。一旦被要求换衣服时，这些学生通常会回答说："但是……但是……哈克（huck）并没有什么不对啊！"当然，我们随处可见的还有其他各式各样的 T

恤，它们印绘着乐队、商铺、餐馆、产品信息以及其他不合时宜出现在学校中的 LOGO。 在我当老师之前，从来没人提醒过我"服装管制"将成为我的副业。

接下来的例子是关于口香糖的，虽然对于是否能在校园里嚼口香糖这一问题尚存争论，但目前来说，在我们学校是不允许的。 这导致的主要后果就是学生千方百计地将口香糖含在嘴里以防被抓住。 随之而来的就是我们学校的教师们花费了大量的时间，绞尽脑汁地想要抓住那些嚼口香糖的学生，并试图帮他们戒掉这一"顽瘾"。 为了达到这一目的，我们想尽了办法，有一年甚至决定采用"欲擒故纵"的方法——允许学生在校园里嚼口香糖，只要求他们不发出声音即可，我们设想减少压制可能会削弱学生的叛逆心，然而这一决定的实施效果却事与愿违，愈来愈多的口香糖粘在地上、凳子上、饮水机上，更令人瞠目结舌的是，学校里涌现出一批"中学生企业家"，他们利用午休时间，到处向同学兜售口香糖。 第二年，我们就又老生常谈"吐掉你的口香糖"，除了这样，天晓得还有什么其他的办法！

3.甚至"艺术"在学生手里也可以演变成违反规则的工具。 直到亲身经历之后，我才知道一些"活跃的"学生经常将隐藏的信息和图像放在艺术品上，这样一来就很难被老师发现。再加上他们也利用一些明显的信息或图像将其呈现在表面，以此混淆视线，转移你的注意力。最经典的一个例子是一幅由碎胶纸制成的抽象拼贴画，乍一看，这幅画平淡无奇，但细细看来，隐约可辨出这是一幅男性的解剖躯体图。我也曾看见过隐晦的刻画着污言秽语的陶器，带有伪装过的毒品标志的绘画作品，还有一些刻画主题令人羞于启齿的雕塑，以及各种以创造之名来粉饰的违规作品。我只希望那些对艺术保持着敬畏之心的孩子们和提倡孩子学习艺术的家长们不要再让事态如此演变下去！

4.一些学生想方设法地利用教室里一切可以利用的东西制造混乱。我曾有一群学生，将自己和同伴用回形针订在一起，然后将针放进电插座，同时将相邻的两个人的手用胶带绑在一起，兴致勃勃地想看看接下来将会发生什么。我还有一个特别"诡计多端"的学生，总是设法在我进教室之前进教室，这样他就有时间选择性地擦掉黑板上板书的部分字母，使之变成新的单词，制造搞笑效果。例如，黑板上的原文是"带一支铅笔来上课"（Bring a pen to class），被他擦去几个字母以后变成了"大屁股"（B_i_g _ ___ __ __ ass）。也许在某个地方这可能成为一种生存技能，但是我尚且搞不清楚这该是个什么样的鬼地方呀！

总结这一章，我明白了一件事情，这件事在这之前从未有人告知过我，而且我花了很长时间才明白、消化和克服，那就是：

5.作为教授者，你对于所教授的内容保持着强烈的兴奋感，但作为学习者，并不是所有学生都能和你一样对此保持同样水平的兴奋感。 我选择做一名英语老师的原因有两点：一是因为我对英国文学特别感兴趣，二是因为我热爱教学。 或许这样的情形本应该发生在我身边：一看到莎士比亚的名字就忍不住唉声叹气，介词游戏也难以提起每个人的兴致。 但是以上情形在我的学习生涯中都没有发生过，这或许是因为在我的整个求学阶段，身边始终围绕着一群跟我一样热爱英语、喜爱英国文学的老师和同学。 当然，随着时间的流逝，我已经逐渐学会怎样用更好的方式将莎士比亚与每个学生联系在一起，使他们对此感兴趣。 学会怎样改良介词游戏，让对语法深恶痛绝的学生也能从中体验到一点乐趣。 但是在初为人师的时候，这对我而言真是一个不小的挑战！ 无论如何，不要让这些困难消减你对工作的激情和热爱。 你需要明白，还有很多人雄心勃勃地想取代你的位子，想做你所做的工作，教师必须时刻提醒自己打起十二分精神，壮志满满、士气高昂地过好每一天。

拒绝校园抑郁……

第二章 作弊

6.许多学生（从五年级开始）都把大部分老师当成了傻子，这一点在他们试图作弊的时候表现得淋漓尽致。大部分学生都坚信他们想做的任何事情都能成功得手，其中最具典型性的例子就是作弊。虽然我承认学生们能侥幸逃脱惩罚，但我也确信他们大大地高估了自己，往往他们自认为可以成功的事情的概率远远大于真正能实现的概率。

在我的印象中，作弊分两种：老式的作弊法和高科技的新式作弊法。我们先说说第一种，老式作弊法的众多方式代代相传，没有太多改变，包括在胳膊和腿上抄写答案用多种形式传抄答案，或者邻桌之间相互抄袭。我闻所未闻的是……

7.对每一个热衷作弊的学生来说，可以尝试一些创新型路径。 我见过的一些新式作弊法，包括学生在桌子下将答案录音，有偿提供给周边的同学；学生偷取测试或答案的副本；不同班级的学生事先约定时间在休息室见面讨论答案；我曾有一个学生将答案写在纸飞机上，让飞机从房间这头飞到那头；我曾看见过各式各样的手势，还包括一些有声信号。 当然也有一些我没抓到的作弊形式……他们的方法显然是最先进的，因为无论如何，他们确实做到了瞒天过海！

涉及科学技术的运用，抄袭的可能性变得永无止境。首先是相当普遍存在的网上抄袭研究论文、书评、诗歌或其他形式文章的技术。 一些懒惰的学生经常性地直接从网络上复制粘贴，丝毫不考虑原作者的权益。 甚至曾经有一位学生粘贴打印了一篇文章，直接用涂改液遮盖原作者的名字！ 幸运的是，技术的发展开始提供越来越多的方式帮助教师轻松识别剽窃行为，但是我相信某些"积极进取"的学生总是能"道高一尺，魔高一丈"，找出更先进的"反侦察"的方式。

第二章 作弊

更甚的是，如今我们面临着越来越高科技、越来越先进的作弊手段。现在的学生们，兜里总揣着各种电子设备，毫不夸张地说，这些设备所拥有的计算能力比任何一代阿波罗飞船登月时所用的设备都要强大得多。几个月前，我的教学伙伴抓到一个正向其他房间的同学发送答案信息的学生。现在还有一些免费为学生答疑的设备，而且学生还可以在考试期间运用各式各样的小型设备上网搜寻答案。科技迅速发展，学校正撞在这一枪口上，可是谁又能预料到呢？

"我潜入学校的电脑,更改了我所有的分数。接着学校也潜入了我的电脑,删除了我所有的游戏!"

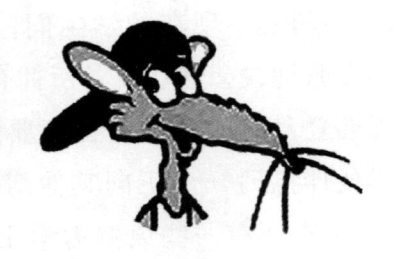

第三章　再谈学生与科技

　　事实上，在这之前我根本无法设想科学技术怎样彻底从实质上掌控教育。但是除了上文提到的作弊工具之外，我的观念又被迅速刷新……

　　8.如今学生可以轻易接触各种高科技设施设备，其中的益处和害处都不胜枚举。回溯到二十世纪 90 年代，当我班上的一个学生用他手表中的远程操作设备不停地调换电视频道时，我第一次感受到事物正随着科技的发展迅速地变化着。万幸的是，这种趋势并没有真正流行起来，但是近几年里，我所在的学校已经不得不对传呼机、手机、短讯机，接着是掌上游戏机、数码相机的使用提出禁令，但是却屡禁不止。我们也曾请来演讲嘉宾向同学们宣讲网络游戏和网络暴力的危险。但最后一切都无济于事，正如事情一开始的情形一样，学生总是一遍又一遍地打破禁界。过去谁曾想过有那么一天，我们发现自己正在做着这样的工作：严格管教着一群孩子，防止他们拍下对方的不雅照片，并上传到公共网站，让所有人都能看到，或者防止他们在个人网络账号上公布丑闻。

当然，这些都是一些极端个例，我处理的更常见的"技术性荒唐事件"，大多数是以下类型：学生在课堂上相互拨打对方的电话，以给朋友带来麻烦为乐；在班上因为前天晚上网络聊天的话题吵了起来；偷偷将电子游戏带到课堂上打发无聊的时光（当然同样也是想看看自己是否能侥幸在老师眼皮子底下完成这件事）。我也目睹了许多学生根据自己的喜好，尝试更换学校电脑桌面的壁纸和屏保，被替换上的常常是超模、摇滚明星、诱人食物或者其他更糟糕的图片。对于任何一种类型的"技术性荒唐事件"，都会有天才教师出现，试图阻挠它，但总是有某个中学生随之出现，再一次想方设法地攻克阻挠、冲破束缚。

从有利的一面来看，早期的"技术性荒唐事件"，类似于拨打匿名骚扰电话等，已经随着来电显示的普及而彻底销声匿迹。而且，科技的发展令我们获取有用信息的速度之快令人咋舌。不管是教师还是学生现在都可以轻而易举地在网上搜索想要的信息，从获取其他国家的信息到查找一句诗歌，再到了解政府政策，等等。在此情况下，教学策略不得不被迫跟上时代的节奏，学生对世界的了解越来越多，知识面的宽度完成了跨越性的飞跃（虽然只在有选择性的某些领域）。我们也可以带学生开展虚拟的实地考察，根本无须离开教室半步。这些告诉我们的是，对无法预料的事保持期待，永远不要停止学习，因为万事万物都在不停地变化。

最后我想说的是……

9.如果你想学习一门新的高科技技术，首先向你的学生寻求帮助！从他们那里，我曾得到许多有用的课后补习，例如怎样发短信，怎样更好地使用数码相机拍照片，怎样让我的电视数字视频录像机工作，以及怎样利用互联网的各种便利。当然，一个14岁的少年手到擒来的东西，你却一无所知，承认这一事实并不是一件容易的事情，但这对你我来说都是不错的体验！

第四章 借口

　　学校的某段特定的日子被我称为"借口日",那就是项目或论文到期的日子,在这些日子里,一部分学生将会使出浑身解数,找出五花八门的理由向你解释他们遭遇了怎样的困难和意外,导致任务不能及时完成。 当你认为已经见识过所有借口的种类时,下一秒又会有新的借口出现。 事实上,学生们没有意识到花费在找借口上的时间可能比真正完成手头任务的时间还要多。 罢了! 如果每个人都按时完成任务，找借口的创造性艺术就将永远绝迹了！

10.一些随着公共教育萌芽之时就出现的借口，如今还在被孜孜不倦地反复使用。包括"我弄丢了""你把它弄丢了"或者"有人偷走了"，我不想费心评论一篇八年级学生论文的黑市市场价值，我只想说这个借口真是烂极了！还有一些借口也是孩子们经常使用的"我家的狗把它吃掉了""我弟弟把它吃掉了"或者"我妈不知道那是啥，误把它扔掉了"。据我所知，这些说辞统统都是假的，虽然我也曾收到一个学生上交的论文纸上印着几枚真正的狗牙印，他的借口只有一个字："狗"，但至少他上交了作业。

11.科技设备的出现为学生找借口打开了一个全新的领域。诸如此类的借口层出不穷，例如"我的打印机没有油墨了""我的打印纸用完了""我的电脑吞了它，明明前一秒还在的，一眨眼就没了"或者"电脑没电关机了，我所有的文档都丢了"。有时还会尝试说"我发给你了，你说你没收到是什么意思"或者"你说不在我的硬盘上是什么意思，我发誓我存在上面的"。

12.与离异或分居的父母同住的学生还有一系列新借口。虽然孩子不得不在两个家庭生活并不是一件有趣的事情，但是他们中的有些人尽可能地利用这一情形扩充自己的借口单。虽然我觉得类似"在我妈妈家""在我爸爸家"这样的借口显得顺理成章，但对以下借口我则很难相信"作业本落在我继母的奶奶的办公室里了，我只有十二月才能再见到她"或者"我妈妈上一任男友拿走了我的作业，我妈不许我打电话给他"。对于生活状态各异的学生，我发现他们给出的这些借口可谓是就地取材、因地制宜啊！

13.对于一些实在是令人瞠目结舌的借口，你能做的只有耸耸肩，任由他去。我不知道我将要列举的第一个例子是否是一个有技术含量的借口，但是我将它收录进来是因为这个例子中令人感到莫名其妙的"啊？"效应。曾经我的一个同事叫站在她右前方的一位同学坐下，这位同学没有回应，于是同事提高音量又重复了一遍，学生回击道："我正要坐下，你想要怎样？啊？"

这使我想起一直以来我印象最深的一个借口，那是一个初中二年级的女孩在被要求做一份研究闪电的地球科学报告时给出的。虽然事先我们已经在图书馆和计算机实验室花费数日时间学习、研究过这一自然现象，但是她的报告内容却仍旧乏善可陈，列出的几条研究结果几乎全是常识，例

第四章 借口

如"闪电很危险""闪电伴随着打雷""闪电是带电的"。当我指出她的结论显然缺乏研究性时,她解释道:"我对闪电真的一无所知,因为我几乎不出门。"对于这种说辞,你有什么更好的办法回应吗? 我的确是无话可说。

第五章　语言障碍

未成年人的一大特质就是找寻各种各样的方法在自己的年龄组群与"愚昧无知"的大人或他们不屑一顾的大人之间划一道明显的界限，达到这一目的最简单易行的工具就是语言。孩子们总是能编造出自己的语言体系，从食物到服饰，再到示爱方式，生活中各个领域的事物都有他们自己的"行话"表达方式。大众媒体的介入起到了推波助澜的作用，无论是歌词、电视节目、电影还是网络都使这一趋势愈演愈烈。然而我不知道的是……

14.最可能出现的状况是，你的学生会说你的语言，然而你却对他们的语言体系一无所知。多年前，一个学生在我的书桌上留了一张纸条，上面写着："你是一个大炸弹。"经过我多方调查（事实上就是跟学生打听），终于弄明白了，其实这句话并不是什么死亡威胁，反而是一种赞美。"你真是酷毙了"和"这部电影真变态"也是和以上例子一样用了同样的表述方式，都用来表示积极的赞美，只是正话反说罢了。但是请记住，这些表述的意义并不是一成不变的，它可能一天一个样，或许明年的"酷毙了"就和去年的"狡诈的"是一个意思了。

还有一点以上例子中没有涉及，那就是随着科技的发展、媒体的扩张，写作中的文字表述也变得不伦不类。作为一名英语教师，我每年都经受着孩子们一轮又一轮新式缩写改革的洗礼。我不得不潜心学习他们使用的所有缩写，并不是因为他们使用这样的文字给我发短信，而是因为他们堂而皇之地在论文中使用这些简写。例如"IDK"（"I don't know"的缩写）、"LOL"（"laugh out loud"的缩写）、B/C（"because"的缩写、JK（"just kidding"的缩写）和U（"you"的缩写），这一类词汇出现在论文里简直是司空见惯的事。我曾有一个学生，当他写论文不知道怎么往下写时，直接在上面标注了一个"WTF"（什么鬼），这种行为实在是需要一点惩戒手段来加以制止！

　　总之，解决这一问题的最好办法就是想方设法紧跟潮流，被潮流所抛弃时也不必意外，不明白就多问。毕竟这类"火星语"是孩子们能标榜他们身份的为数不多的东西之一。

第六章　其他值得注意的学生行为

即使当我自认为已经对课堂上可能出现的各种突发状况做好充分准备时，没人告诉我的是……

15.永远至少有一个孩子比你知道得更多。不管谈到任何话题，班上总有一个小专家，还不是那种自我标榜的专家。根据我丰富的经验，我可以自信地告诉你……

16.不要羞于承认你对某些问题就是不太清楚。毕竟"承认"总好过不懂装懂被一个十岁孩子拆穿吧。另外，不要卷入和学生无休止的争论中，他认为他对，你认为你对，根本吵不出结果。你只需要用一句话结束争论——我回去研究研究，然后下次抛出你的证据，重申你的观点，记住做这件事的时候一定要找准时机，现场最好一个观众也没有，这样你的"天才辩论对手"就没有出风头的机会了。

现在，我就承认关于下面这一点，我只是一知半解而已。

17.学生有时候问的问题真的愚蠢至极！我虽知道这是各个领域人们的通病，即使是老师，偶尔也会不可避免地问出不少愚蠢问题。但令人措手不及的是，我低估了班级中这类问题的严重性，以至于完全没准备好该如何恰当地作答。这里有一些我反复遇到的愚蠢问题：

"需要在论文上写名字吗？"

"我缺席的时候，你们干什么了吗？"

"我必须要这样做吗？"

"上课需要带什么吗？"

最让我津津乐道的一个问题是"我们今天需要做什么吗？"，还有一个历史悠久的问题"这个考试会考吗？"有时候，这个问题听起来似乎也并不总是像老师认为的那样愚蠢。

还有一系列被我称之为"如果"类的愚蠢问题。各个地方的学生似乎都热衷于一类消遣，那就是尽其所能地设想各种千奇百怪的情形，然后问老师"该怎么办"。这一类问题可能包括"如果我被一条疯狗追咬，把家庭作业掉进了臭水沟里怎么办""如果恐怖分子偷了我的论文怎么办""如果我要做陈述的那天突然病了怎么办"以及"如果我弟弟在我的计划书上吐口水怎么办"。

我还发现，有时候不管老师怎样想方设法地消解这些问题都是无济于事的。例如二十年来，我一直坚持在教师的墙壁上贴上当天的日期，但是每天至少还有一个学生脱口而出地问我："今天周几？"

当然这里的挑战在于很多老师被教导说要鼓励孩子发问，因为很多问题是通往知识的桥梁。因此，对于愚蠢问题究竟该如何回答？释放你的幽默细胞是个不错的选择。例如，如果有人问"我缺席的时候，你们干什么了吗"，我一般都回答说："不，我们什么都没干，只是盯着你的空座位看了45分钟。"关于"如果该怎样"这类问题，我建议可以故意歪曲他假设的情境来回应，例如反问他"那假设你弟弟没有在你的作业本上吐口水怎么办"或者"如果外星人把你的作业放进黑洞烧掉了怎么办",然后再补充一句"我们只能掌控已知的事情,不要对假设性问题瞎操心"。有时候这种回答还真的挺奏效的,不幸的是,并不是每个人都能理解我的幽默,所以我提出……

18.有时候不回答是最好的回答。在很多情形下,学生自己会呼朋唤友地一起讨论这些愚蠢问题,或者提问者自己会意识到他或她提问方式的漏洞。还有的时候,最好抑制住内心按捺不住的嘲讽,跟他们把问题究根溯源地分析一遍。孩子们真的糊涂到问那些愚蠢问题吗?还是他们只是想引起你的注意,找找存在感?难道他们的大脑构造真的属于另一个星球?问愚蠢问题是不是他们哗众取宠、控制课堂的一种手段?你必须在心里有个明确的判断。一直以来,为了证明我并不孤单,我在教室墙上贴了一张海报,教师面对一群积极向上、求知若渴的孩子时,内心是欢欣鼓舞的,可是同时,他也不得不焦头烂额地应付他们表现出的无知,这幅画生动地刻画出了这一矛盾。画上的老师变成了一只鹅,周围围着一群小鹅,她正反复强调一句话:"虽然没有什么问题可以被称得上是愚蠢的,如果有,那肯定就是刚刚你们提出的这个问题。"这幅画以它异常精准的方式充分表达了我在类似情境下的感受。

这一单元中所列举的令新老师出乎意料的最后两类事件只针对中学生，虽然在其他学生中很可能也有过类似的例子。 首先就是……

19.学生似乎对在课堂上扔东西这件事情有特殊的生理需求。 虽然我没有严密的科学数据论证这一点，但我有数不尽的坊间轶事和亲身经历来支撑这一点。 不管你如何殚精竭虑、挖空心思地杜绝这一行为，总是有学生屡教不改地在课堂上扔东西。 有的学生被要求借橡皮给同学，他随手一扔，就把橡皮从房间一头扔到了另一头。 有的学生借着手中的废纸团朝着垃圾桶做一个"完美投篮"。 还有的学生以准确投射笔记本、作业本甚至剪刀（这一点应受到纪律处罚）在同伴中"闻名遐迩"。 这还不包括有的学生将扔东西当成报仇的方式，或者想办法用橡皮筋、笔管或其他一切可用的工具弹射"子弹"。 我无法解释这一行为，但是我建议试图以某种可操作的方式进行引导，因为此类事件无法杜绝。 另外一个血泪教训是……

20.如果有学生向你借东西，一定记得问清楚原因。 一次有一个学生找我借笔记卡片，天真的我以为他要拿去抄研究笔记。天知道他居然开始用卡片折纸塔，紧接着还要找胶布把它粘起来，固定这个手工作品！还有人找我借书签去折宝剑，有人找我借回形针只为了去做微型雕塑，有人找我借创可贴，用了五块去粘贴笔记本上的裂缝。虽然可以说这些学生独具创造性，可能因不受禁锢的思考方式受到称赞，但是如果你不想让你所有的东西凭空消失、白白浪费掉，就一定要有所防备。

接下来我要阐述一个令人遗憾的事实……

21.学生之间对待同伴的态度真的很恶劣。我将这一点的原因归结于自信心不足或者权利斗争。但是没人提醒我，学生竟然能如此形象化地挤兑对方，而且所致的后果如此严重。这类行为大致分为两种类型：直接攻击和委婉攻击。第一种包括学生口无遮拦、毫无保留地辱骂讽刺对方的长相、穿着、发型、智商等等，数不胜数。第二类包括传八卦纸条、散播谣言、偷藏笔记本，还有无数其他的方式。不管是男生还是女生都掌握了各种令人瞠目结舌的恶劣手段，教师最好对此做好准备，以便尽早解决这些问题。

最后，我们来谈谈发型。

22.永远不要低估发型对一个中学生的重要性。不管是长的还是短的，蓝色的还是条纹的，平头、马尾还是麻花辫，任何时候大部分学生在发型上所费的心思一定比课业多，然而这还是在发型不出问题的情况下。如果某位学生刚刚被理发师剪坏了发型，染了糟糕的颜色，甚至仅仅是那天没打理好头发，那他或她那一整天注定什么事都做不成，就只顾垂头丧气了。

在我们学校，可从走廊上窥见一部分学生洗手间的水槽和镜子，我没有哪一次经过时看不到学生在弄头发。这一现象无论在男生还是女生中都同样普遍，随着发型产品越来越泛滥、越来越易于购买，这一现象日益加剧。有时候学生发型的打造也需要他人的帮助，经常可见两个人一起默契协作给某个学生打理发型。教师利用学生这点癖好的方法也很简单：不管他的发型好看不好看，就只管称赞说"好看"，你可能会惊讶于这句话的效果，你永远体会不到这对他们来说意味着什么！

最后，如果你还在怀疑头发的重要性，试试看你变个发型会发生什么。我保证任何一点微小的变化都会被学生发现，而且很可能引发一场评论狂潮。例如"你换发型了"

"你把你的头发怎么了"或者（如果你运气好的话）"我喜欢你的发型"。最让我难忘的是，当有人问我"是不是剪头发了"，我回答"是"，接着他来了一句"以前那个还好看点"。教书这项工作绝对不适合没自信的人干！

"如果写作业，我就能得到学分。如果得到学分，我就能去上大学。如果去上大学，我说就能毕业并找到工作。如果找到工作，我就有可能被炒鱿鱼。如果被炒鱿鱼，我就会失去一切。这就是我为什么不写作业的原因。"

第二部分　与成人相处中的意外事件

校长办公室由此去为了给您提供方便快捷的服务请取号排队。

"我应付不了啦！"

第七章　教师与科技

　　大部分与教学有关的因素每年都在以某种方式发生着变化，新的方法被开发、利用，新的课程内容被编制、实施，就连评价激励的手段也随着时间变迁。 没有哪一领域的变化比科学技术的进步发展更快、更明显，我记得非常清楚，当年从教育系毕业时，录像机是非常先进的（体积非常大），我们还仍在使用"打字纸"，微型手提电话是科幻小说主角才有的配置。 那时候不可能有人告诉我对未来将要发生的巨变做好准备，这一切发展得太迅速了，事实上，我几乎每天都会为科技的迅猛发展而感到惊讶万分。

23.科学技术（或者它的缺失）以意想不到的方式控制着教师的生活。首先，我教室的温度受控于十英里外教育中心的一台计算机。因此，我的舒适度（和我学生的舒适度）完全取决于电脑数据，而不是取决于人和人工温度调节！酷暑难耐的八月，教室里需要穿外套，天寒地冻的一月却热得大汗淋漓，没有人曾告诉我，这真的是可能发生在我课堂上的事！我立即反应过来，唯一可以迅速弥补这一错误的人是特鲁迪——她坐在中央教育中心的桌子前，只需一个电话就能搞定一切。当然教师打不了电话，每个学校只有一个人能给特鲁迪打电话，那就是各校的投诉负责人，我们学校的负责人是秘书长。经过以上两步程序，温度调节通常会花费数个小时，调节的效果则要等待更长的时间。我在此得到的血泪教训就是衣物要易于增减（还有和秘书搞好关系——这一点之后详述）。但是学生总是为了时尚不顾舒适，谁能责备他们呢？

当他们用攒了很久的钱终于买到了心仪的新毛衣，就恨不得立即穿上去学校炫耀一番，哪里猜得到当天教室里的温度居然能达到 80 华氏度？ 同样的，当短裙吊带衫的时节来临，女孩子们怎么可能愿意用运动衫把全身裹得严严实实？变化无常的气温导致一系列后果，从瑟瑟发抖到臭汗淋漓，再到大批学生酷热难耐，每个孩子都带着近乎晕厥的眼神。

  许多老师的学校里安装了效果不好的冷暖气设备，或者压根就没有安装，对此我深表同情。 我从事教学工作的第一所中学就没有空调，而且通风设施极差，大夏天我们不得不想尽一切办法、利用一切可利用的工具降温。 一年中的好几个月，我们都得与一群汗涔涔（还经常臭烘烘）的学生朝夕相处，老师们不得不利用午饭时间跑进车里，打开空调，迅速降温。 不过不幸中的万幸，当时我们并不知道几英里外，一群老师正在冷气中瑟瑟发抖！

  24.教室里是否安装高科技设备意义重大。 很显然，每所学校高科技设施的普及程度有差异，且可利用的设施设备类型也不同。 我所在区域中较现代化的学校安装了无线网络、多功能打印机（黑白打印和彩印），每间房间都有电话和电视机，有投影仪、影碟机、智能演示板、设施齐全的计算机实验室以及可用来随时更新设备的雄厚资金的支撑。然而老旧一点的学校中，各个办公室的老师不得不公用电话，用着高负荷的计算机系统、布满粉笔灰的老式黑板，我发现很多学校都处于这种情形中，而且……

25.以下六个技术问题是大多数学校的通病：

·新设备一买到手，更先进的东西马上出现（不管是什么，可能有学生已经拥有了）。

·当某些设备出了错，这也是常发生的事，仅仅是远程操控的一个按钮就可以打乱一整天的教学活动。

·你刚刚学会某种技术，又发现有了更新的，你不得不去再学。

·没有足够的资金购买最先进的设备，即使有钱买，也没钱维护。

·没有足够的校园专业技术人员进行分配，因为这类人才在私营单位薪水更可观。

·区域内的技术部门总是超负荷运转，且人员配备严重不足，因为他们需要大规模地解决以上所提到的各学校的问题。

毋庸置疑，科学技术会稳步向前发展，我希望每所学校都能紧跟科技的潮流，而且每位教师每年都能学会使用更多的科技新设备。

第七章 教师与科技

第八章 实地考察

为了让学生外出接触真正的世界,许多老师会考虑组织他们去实地考察。我们都记得学生时代出去实地考察时的情形,一般大家会被分为几个小组,成队登上大巴车,然后一起去某个具有教育意义的或有意思的地方参观游玩。大多数情形下都会开展参观、展示、表演等活动,最后每个人都毫发无损地回到学校。没有人告诉我实地考察计划和执行背后发生了什么!简而言之,实地考察对筹划者来说真是一个浩大的工程!里面有许多我意料之外的细节因素。

26.实地考察组织的首要挑战就是在学校教学日历上找一个合适的日子。类似天气好不好、大巴车可用不可用、行程是否有冲突等细节因素都要考虑，如果足够幸运的话，你可以碰巧为这次大冒险找到一至两个可行的日子。还很有可能当你计划安排好一切行程，有人有事去不了，你能期待的最好情况就是尽可能地考虑到大多数人的不利因素。接着你就会意识到……

27.安排活动日程也是一件令人焦头烂额的事，决定开展什么活动以及怎样保证每个孩子合理地利用所分配的时间是一项非常烦琐的工作。在给学生过多自由时间、放任自流和严格约束、令其怨声载道之间只有一线之差。例如，我校七年级的学生总是去参观当地的动物园，参观的目的包括认识生物的分类、了解动物的习性以及增加环保意识。那么问题是，怎样更好地达成目标，给学生一个信息包，让他们边走边补充？或者一张总结表就足够了？还是给予他们足够的信任，放任其四处自由转悠、自行学习，不用记笔记？当然每种观点都有人支持，也有人反对，但是天知道怎么会有那么多选择！

28.你或许需要去培训一下该如何核算实地考察活动的经费。活动要花费多少钱？你们乘坐什么交通工具？大巴车多少钱？谁来付？无力支付的孩子怎么办？需要从孩子手里集中收钱吗？总之，现在就该想想了！显然你不能让钱杂乱无章地堆在一起，当前最重要的事是搞清楚谁交钱了，谁没交，所以应提前准备好一张电子表格来记录。孩子们还会带来各种各样的货币：支票、现金、硬币，甚至一张临时借条。

准备好之后，接下来就该意识到……

29.教师要负责依法做好实践活动的文书工作。在理想的教学情境下，每个人都能准时上交签好字的活动参与同意书和活动费用。但是理想不是现实，现实是有人需要你打电话下最后通牒、需要你辨别出谁伪造了父母的签名（很容易辨别，但是中学生的字体就不好辨认了）、需要你最后一分钟还在手忙脚乱地备份材料，还有人要从堆积如山的物品中找出带锁的小箱子或者背包，如果一切顺利，每个人都准备就绪，如果不顺利，就会有接二连三的"惊喜"……

30.你必须计划安排好那些不和你同去的孩子要做什么。通常可替代性的选择就是找其他的老师、管理人员帮忙照看一下，或者劝说他们待在家里。如果他们在学校里接受监管，通常来说你有责任让他们有事可做，"有事"可能意味着为每个孩子开发一个六小时的活动，要做这件事，大部分人（包括我在内）都会觉得这简直是在浪费你的时间。

当然……

31.你必须为实地考察活动中的各种"可能性事件"做好准备。在这种情况下的"可能性事件"可能真的成真。如果有人病了怎么办？如果有人失踪了怎么办？如果有人忘记带午饭了怎么办？如果巴士来晚了怎么办？如果你们到达的时候博物馆还没开门怎么办？如果有紧急情况发生怎么办？如果天公不作美怎么办？所有这些突发状况在你出发之前都要考虑清楚，因为每次外出"探险"真的可能会有这样的问题出现。

你想过没有……

32.寻找实地考察活动中学生的监护人也是一个很大的挑战。一共需要去多少教师？在目的地需要添加额外的监护人吗？要邀请家长吗？学生和大人的比例是多少？每一个问题的答案都会相应引发更多的问题。如果你决定带上家长，谨慎的选择非常重要！在认真负责的家长监护人中，总有一两个监护不力的，他们甚至比孩子表现得还要更糟，或者做一些不合时宜的事，例如一直待在博物馆的礼品店挑选商品，或者给他所在小组的每个学生都买糖果。还

43

有些家长试图和我讨价还价，例如"我会来，但是我不坐大巴车""如果能把我家另外四个孩子带来，我就来""如果我来的话，我要自己选择监护哪些孩子"。我一般都会尽可能礼貌地和这些家长解释，相对于考虑他们监护得是否愉快，我还有许多其他的事情要考虑，然后再重新去找其他更积极、更服从安排的监护人。

33.那些在学校里有特殊需要的学生在校外则会有更多的特殊需要。我所参加的每一次实地考察，都会给孩子们分发药品、帮他们做过敏防护措施、克服生理极限以及满足他们其他一系列的需要。大部分类似需要都可以被提前想到，但偶尔你也会遭遇一些意外。例如：一次我和一个女孩儿一起参观当地的博物馆，她事先告诉我她害怕电动扶梯，结果每次我们想看不同的展览，就不得不花费数分钟时间绕路去找升降电梯或者楼梯。我还需要在黑暗的天文馆里握住学生发抖的手，学习使用胰岛素注射器，帮助学生给自己注射胰岛素，分发五花八门的药片和呼吸机，同时还要在陌生的环境中照看数十个孩子。

34.即使是平常最听话的学生在实地考察活动中都会不守规矩。因为通常实地考察活动从本质上来说组织结构较松散，不如在课堂教学环境下那般严密，学生们也就更加无组织无纪律。尽管有最完备的监护，那些真正想要捣乱的孩子通常还是可以带来麻烦。特别提醒你在有些地方要尤其警惕，例如阴暗喧闹的地方、展示易碎艺术品和野生动物的地方。你可以做的是事先定好基本规矩，规划不时之需，并准备随时迎接意外！

35. 不管你的计划安排得多么周全，实地考察中仍会出现一些意外状况（多半不是好事）。以下就是一些令我记忆犹新的实地考察中的"大冒险"：

- 两个女孩和一个男孩在学年末的实地考察活动庆典上陷入了一场拳头大战。
- 学生和家长一起晕车，简直不愿再提起这件事。
- 我的一位家长监护人每隔几分钟就对着过往的车辆像水手一样宣誓，我们只有派人拉住他。
- 一个中学生在我们参观大学天文馆时偷偷抽掉了某个大学生的一根烟。
- 学生去山上进行地理实地考察时，因为发现了一个满是小蛇的响尾蛇巢穴而兴奋不已。
- 我们都来到国家公园准备参观恐龙化石，五月的天突然开始飘雪以至于所有人都无法下车，好心的讲解员只有上车讲解，尽可能地引导我们想象化石像什么（真是太无聊了，尽管我已经尽力去设想它像什么）。

这还不包括"户外教育周"呢！

36.你可能真的需要和学生们待上一整个晚上。 没有人告诉我需要和六年级的学生外出露营整整连续四晚。 如果你了解我的个性和掌控能力，你就该明白以上信息可能已经足以让当年的我拒绝当老师，哪怕这是我的第一个工作。 事实上这件事并没有像我原先想的那么糟糕，但是它的确在很多方面都和课堂教学不同。 为了尽可能帮助你有一个直观的印象，你可以把上文中所提到的一切意外囊括进来，再加上自然的不确定性，这样你就可以较完整地勾画出真实的情形！ 当然我知道，有些老师本身非常热爱户外教育，他们在不受约束的自然界感到异常兴奋，但是我不是这样的人。 因此要当好教师最好还是足智多谋一点！

第九章 尴尬时刻

每个人都会遭遇尴尬时刻,可是没人告诉我……

37.许多尴尬的事情都发生在一屋子学生面前。 在这种情况下,往往要花很长时间才能找回作为老师的尊严,有时候甚至是课堂掌控的权利。 当然,每一种体验都是独一无二的,但是经过这么多年的摸爬滚打,对于有些事,虽然没有人事先提醒我,我也已经学会防患于未然。

38.经常会有口误。 例如,做好准备每年都会有学生在生命科学课上大声地错误地朗读"organism"这个词。 也会有不小心（或者不是不小心，但是并不想被听到）叫了学生的外号、爆粗口或用错词。一个经典的例子来自我的一个朋友，她教六年级，学生们运用他们刚刚读过的"布鲁姆分类学"中的不同认知目标完成了一件作品。最后的作品需要将组件装订在一起成为一个球体，再把球体用线悬挂在教室的天花板上。我同事第一次看见他们的作品时非常惊讶，她大声喊道："你们挂在天花板上的蛋看起来棒极了！"这场风波过了很久才得以平息。

  39.有歧义的词汇也是生活的重要组成部分。例如，当我还是学生时，"thong"的意思就是鞋子，但如果今天你对学生说喜欢她的"thong"，很有可能会招来警察（"thong"有丁字裤的意思）。作为一名英语教师，我也经常会遇到古文，阅读狄更斯的作品时，需要介绍"gay"和"intercourse"等词汇的隐含意义，我一般都尽可能地略过不谈，直奔故事主题。虽然现在我已经越来越麻木淡定，也不再为课堂上发生某些状况后学生的窃笑感到尴尬，但当年我那上了年纪的维多利亚时代文学课教授，可从来没跟我提起过讲这一部分内容时还会遭遇这样的困难！

  40.当心大众媒体，即使你很小心，它也可能以各种形式引发尴尬。万万没想到，对于我来说，让学生带杂志来学校，剪碎了做拼贴画这件事情也需要极大的勇气。有些糟糕的杂志甚至有女士紧身内裤的广告、避孕广告或者"伟哥"的广告，这对于青春期早期的孩子来说相当危险！报纸也是同样的状况。随着社会容忍度的提升，主流媒体的内容似乎越来越前卫。我曾在课堂上开展过一次"新闻寻宝"活动，让学生在我们当地的日报上搜寻各种信息。接下来，我发现自己要反复向学生强调要略过报纸上的征婚广告、尸检照片、桃色新闻以及犯罪事件的细节。最后，我只有放弃努力，这项活动不得不偃旗息鼓，现在我们又有了新的探索地方小报的方式，知道是什么吗？

当然这就是平面媒体。网络带来尴尬的能力是无穷无尽的！一条输入有误的网址链接就可能毁掉你一整天，尤其是当你正好将屏幕投影给全班同学看时。

41.教师尴尬的瞬间可能会成为学生津津乐道的传奇故事。老师忘了拉裤子的拉链、牙齿上的菠菜、糟糕的发型、走光的内衣、午餐沾在衣服上的油点子或者尴尬的肠道问题都可能在学生中"代代相传"。如果你能快速将这件事情翻篇，回归正常，才可以在学校里继续过自己的生活，当我明白这一点的时候，就逐渐适应了上述情况。许多年前的一天，我不小心食物中毒了，正上着班，我突然觉得胃里翻江倒海。幸运的是，那时午餐前的最后一节课已经结束，学生们正准备去食堂吃饭。但是事情发展得太迅速了，我面临两个选择，一是跑过满是学生的食堂，尽量去洗手间处理，二是等人走光之后吐在教室的垃圾桶里。经过短暂的思考，我选择了后者，因为这样会被少一点的人看见。尽管事后我不得不跟保洁人员反复道歉，但至少学生们对此事一无所知，对我来说，再怎么道歉也值得！

如果现在要提出一些关于尴尬时刻的重要意见，如果你只能记住整本书中的一点，那就请一定记住……

42.永远记住要提前检查课上要用的录像、CD、DVD、文章、歌曲、故事等等，一定要前前后后全部检查，一定要每次都检查！比可预料的尴尬更糟糕的情况是出乎意料的尴尬，不要以为从图书馆借来的影碟就一定没问题。不信你去问问我们学校的世界语老师，有一次，她打算在课上的最后几分钟给学生放映一段关于南美文化的影像资料，那个碟片表面上看起来无伤大雅，但随后她发现自己和学生们观看的是一场生动的动物祭祀纪录片。教师不提前准备好材料会给自己带来真正的麻烦，虽然有时候挺有意思，但是有时候就不仅仅是有趣了，而是会将事情带进危险地带。没人告诉我这些，但是我现在告诉你了，请一定要相信我！

第九章 尴尬时刻

"至少比学生先行一步才是硬道理!"

第十章　员工制度和不良行为

在学校我曾最讨厌的就是对某些事情大规模的推崇或大规模的排斥，这其中往往包含着拉帮结派、贴标签和默认的潜规则。但在我单纯的世界里，我总认为一旦我转换身份，处于教师办公桌对面的地位时，一切都可能改变。但现实制度却不遵从这一点！所以准备好……

43.每个学校都有员工制度，你最好聪明点，尽可能全面地学习你所在学校的相关规定。学校是一张囊括政治、关系、期望值、戏剧性等因素在内的错综复杂的网络。搞

第十章　员工制度和不良行为

清楚谁处在金字塔的顶端或许在将来能成为挡在你面前为你遮风挡雨的屏障。

提前确认你……

44.和你们的秘书搞好关系！　在我们学校，秘书是掌控最大权利的人，她们是由一群精干的女性组成的具有凝聚力的团体，该团体的任何一举一动都可能成就或毁掉你的一整天（甚至一整年），她们还很可能对小事斤斤计较、怀恨在心。虽然她们绝对不是教师办公室里的"头头"，但是她们负责操控幕后一切事物的顺利运行。如果你想预定、报销、计划、拿钥匙或者是试图调节教室的温度（前面所提到的），她们就是你的求助对象。

我的第一个工作学校的秘书是一个非常有魅力的、异常能干但也令人提心吊胆的女人。她总是坚持使用敬语，把"请"和"谢谢"挂在嘴边，如果你做了什么不礼貌的事，她一定会不留情面地当场指出。我永远不会忘记，当我被录用的第一天，兴冲冲地跑进她的办公室，朝她粲然一笑说："嗨，我叫朱迪，我来拿我的钥匙！"她面无表情、毫无感情色彩地说了一句："我想你的意思应该是'请问我可以拿我的钥匙吗？'"天呐，从那以后，我三个月没跟她说话，但是她给我上了深刻的一课，使我明白了什么是权力，她有权力，而我没有，这让我彻底明白了我所处的地位！

另外一个掌权者是保洁员，为此我建议你要……

45.永远不要低估在你身后为你做清洁、修理物品的人的重要性。不管你为了保证所属领地的干净整洁，自己亲自动手做了多少清洁工作，你总有需要保洁员服务的时候。或许是当你遇到不愿意处理的大麻烦（包括一些污秽物），或许是当你打碎某些东西，这时候你亟须他们的帮助。这是你们学校保洁员在幕后工作的重要内容，但是他们仍然掌控着许多权力！

我们学校的第三类权力掌控者被称为"工作室大姐"，她们负责复印文件、制作幻灯片、扩印文件、制作小册子。她们还做一些别人不愿意做的事情，例如粉碎文档、保管办公物品。即便出于最简单的事实：她们正做着没人愿意做的工作！你也应该理所当然地尊重她们。

在制度这一块接下来要谈的就是领导了，我所不了解的是，他们甚至几乎完全依赖着秘书、保洁员和工作室大姐！如果足够幸运的话，你将有一个体恤下属又工作能干的领导带领着你和你的学校。如果不幸遇到糟糕的领导，你有两个选择：硬着头皮坚持待在那里，全力以赴地开展工作，试图超过他或她；或者另谋别处。想要彻底改变你的领导，

第十章 员工制度和不良行为

其难度指数不亚于在结婚二十年后试图改变你的配偶，细微的调整倒是有可能，但是全面改造绝对是天方夜谭！

我需要指出的是，虽然每所学校都有自己的规章制度，但是这并不一定意味着处于上层的领导会压榨底层人士。如果你所处学校的文化氛围是积极向上的，这些规章制度很可能让人觉得至关重要、颇有价值。做好你的工作，如果有一天你在那架无形的权力的梯子上前进了一步，记住合理利用规章制度，也让你管辖范围之下的人们觉得那些制度是重要的和有价值的！

话虽如此，接下来这件事情没人告诉我，我也很快领悟到了……

46.对那些掌权的人示好是一个不错的主意。说实话，我刚开始教书时，根本不太注意我的房间是何时变干净的，是怎么变干净的，不注意邮件是谁放到我邮箱的，谁将实地考察的经费存进银行，谁撰写实时通讯的内容，或者当我遇到紧急情况时，谁在身旁做最后的备份。这简直是天大的错误，之后我懂得了每个老师都需要各种各样的帮助，一个感谢的点头示意、一句暖心的话语、一盒饼干或者一张节日贺卡都具有令人惊讶的魔力。

当涉及教师自己，接下来这件没人告诉我的事是……

47.即使是教学专业人员之间也有派别、标签和潜规则。 其中有些是我感觉到的，有些却是真实存在的。 我要强调的是我所在的集体有很多人都在努力弥合一切可能的鸿沟，但是派别仍然存在！ 知道许多教师属于不同派别也是非常重要的，有些人对他们所处的环境非常满意，可是有些人则感到不自在，我发现我还要好好了解一下某个派别内的教师是如何运作的。

我们学校存在着少数几个众所周知的团体，他们是墨守成规的老古董、放荡不羁的老油条、阿谀奉承混退休的狗腿子、菜鸟、自然的狂热爱好分子以及独行侠（虽然原则上来说这不属于一个"团体"，但是你懂我意思就好）。 这些团体可能在员工大会、聚会、选举、新教师的引导、骑行活动上毫不客气地抱团。 也有些教师因为总是得到高层领导的重视而闻名，受到重视的原因或许因为他们是受人尊敬的、坚持不懈的，或者仅仅是因为他们善于发牢骚。 有些团体趾高气扬、看不起别人，也有些团体我行我素，根本不在乎别人会怎样。 在这个我们称之为学校的复杂的微型社会里，"教师"这一身份仅仅只能用"教育小孩的人"来描述。

当我还是学生时，我万万想不到我的任何一个老师还可以做除了教学之外的任何事，因此我根本没法预料……

第十章　员工制度和不良行为

48.教师有时候也会做出非常不好的事（也就是违法）。在这里我并不是要谈论打电话请病假实际上是去打高尔夫这类事，而是指严重的犯罪行为。当然，每个老师在入职之前都会经过严格的筛选，但是也不是没听过有少数未经仔细筛查就通过初选的情况。仅在我们这个享誉度较高、表现良好的区域都曾出现过桃色事件、限制令（教师之间的）、贪污腐败、密室会议和黑客袭击事件，而且这些还只是我们知道的！如果你看电视或者读新闻，你会发现类似的欺诈行为随处发生，我想我应该明白了，在各行各业都存在一些不那么体面的人。一旦当我开始密切关注这一点，我意识到只有不符合常规现象的事件才会成为新闻，其实绝大部分教师还是在尽职尽责地做着本职工作，并不会得到媒体的关注。无论如何，我永远无法设想今天的同事，可能成为明天的囚犯。

谈一个轻松点的注意事项，是关于教师聚会的。就我自己来说，刚参加工作的时候我毫无束缚，既不用管孩子，也不用陪对象，甚至也不养宠物，连金鱼也不用喂。因此每个周五我都和其他老师一起在住所周围闲逛，我本应该知道，却不知道的事是……

49.如果你在公共场合做了什么愚蠢的事，之后这件事一定会以各种版本的形式传入你的耳朵。当然，你名誉的损毁程度取决于很多因素，包括你所在镇的规模以及你干了什么傻事。我的一个朋友（此处必须匿名）十年前做了一些不好的选择，直到现在在整个小镇都以"在桌上跳舞的教师"而闻名。如果对这一点有疑问，尽可能地试着让你们学校叽叽喳喳的员工在邻县聚一次会看看！

最后，你需要搞清楚……

50.校园丑闻有可能发生。事实上，学校可能是许多团体的中心，但是无论何时一些不寻常的事件发生之后，都可能变成丑闻。类似于同事变成室友、教师被抄罚单，甚至意外的缺席都能快速变为小镇上的谈资。你还得做好准备，没事发生也可能引起谣言并发展成丑闻！以上所述告诉我们，教师也是人，虽然人们期待教师在很多情况下成为超人，但是他们并不是。再强调一次，你要做的最重要的事就是做好最坏的打算，怀着最美好的希望，欣赏途中的风景。当你快要快乐得忘乎所以之前，一定记住确认一下周围都有谁正在看着。

第十一章　家长

　　教学的世界看起来经常显得具有孤立性。 记住以下这点非常重要，每个学生在学校之外都还有父母或一到两个监护人，有些父母对学校工作非常支持，也很乐意帮忙，而且所做的一切都以孩子为出发点。 但是也还有另一类家长。

　　这是不可避免的，你可以……

　　51.给我一个"有问题"的学生，我能给你找出半斤对八两的父母！ 许多家长都认为自己是教育专家，因为他们都上过学，接受过教育，这样想的父母们一般都会认为亲自来质问老师、骚扰老师，占用老师大量的时间是不得不履行的职责。与其就这一点进行深入的总结，我更倾向于给你们讲些具体例子。

我常举的一个例子是关于学生作弊被抓事件。该学生在去上生命科学课之前，将元素周期表的大部分抄在小腿上，考试的时候，他跷起二郎腿，卷起牛仔裤，偷看腿上的信息。当然结果是老师把他抓了个现行，并把他妈妈叫来说明情况，讨论处理办法。这位同学的妈妈想了想说："他把整个的元素周期表都抄在腿上了吗？"老师不知道她接下来要说什么，就实事求是地回答说："没有，只抄了大部分。"她妈妈接着问："那他没抄在腿上的那部分分数能不能得？"我只想告诉你，仅仅是分清楚哪些元素抄了哪些没抄就花了好大一会儿。

接下来这个例子是关于一位清晨打电话的家长的，这位家长选择在两周冬季假期结束后我回校的第一个工作日给我打电话，而且是清晨 7:30，她吵吵嚷嚷了近十五分钟，电话的主题围绕她女儿离校期间带回家阅读的一本书展开，问我怎么能派这种任务？我算什么老师？我怎么敢？等她稍微放慢一点语速，我终于可以插上话时，我只问了一句："你读了那本书了吗？"她回答说："没有，但是我看过

第十一章　家长

书名，很不喜欢。"

另一个例子中，一对离异父母在孩子的某件事情上起了争端，而这件事情对我来说非常重要：孩子的名字。孩子依法登记的名字叫作萨拉·伊丽莎白·贝克尔，从入学第一天开始我们都叫她萨拉·贝克尔（这毫不奇怪）。直到他爸爸搬出家门后，一场监护权的战争随之打响，她妈妈坚持让萨拉遵照妈妈的心意改名（在这个例子中，萨拉名字的中间名是妈妈的娘家姓），当然，她妈妈并没有刻意将这件事情告诉萨拉的老师。

故事的高潮是，离婚后她第一次打电话给我，想询问一下女儿伊丽莎白·琼斯最近的表现。她问了很多最近我们所做任务的具体问题，因此我确定她女儿就是我的学生，但是我实在想不出她是谁。当时我真的觉得莫名其妙，甚至怀疑自己要么是失忆了，要么就是被某处隐蔽的摄像头当作恶作剧素材拍下来了，怎么可能有学生在我的班上上了几个月的课，我却对她一点印象也没有？

这些想法在我脑中不断盘旋，琼斯女士还在喋喋不休地说着、问着，我感到不知所措，甚至有一丝恐慌，如果我根本对讨论对象是谁都一无所知，该怎么评价她的进步啊？最后，我只有打断琼斯夫人，让她稍等片刻，趁机从电脑里查阅相关信息，事实上在这段时间里，我还挨个跑去办公室问我的同事："见鬼的伊丽莎白·琼斯究竟是谁？"前三个人都表示不知道，但是我们班的数学老师凭借着强大的头脑风暴回忆起：他曾听过萨拉弟弟的名字，因此推断出萨拉就是伊丽莎白，这会是同一个人吗？

找到了！我跑回去接电话，努力假装随意地问道："你是什么时候开始叫她伊丽莎白的？"听过她的回答，我知道我找对人了，因为这位妈妈展开了一场漫长的咒骂，关于当年她多么希望给"小宝贝"取名叫伊丽莎白，但是她讨人厌的丈夫非要给她取名叫萨拉，还有她永远都不会再用萨拉这个名字了……就这样我解开了"伊丽莎白·琼斯"这个谜团，但是我仍然搞不懂某些父母谜一般的行为。①

---

①故事属实，名字为化名

第三部分　更多的意外事件

"我已经做好准备啦，让挑战来得列强烈些吧！"

"难道这世界上存在的问题还不够多?"

第十二章 假期

　　学生的个人私生活可以从很多角度影响他的学校生活，如果在这里一一细数就太不明智了。有一个因素的影响力一次次使我感到惊讶，那就是假期的重要性。虽然我一直知道假期对孩子来说是至关重要的，然而我不知道的事实是生活可以对课堂上的教学产生如此严重的破坏。不管放假庆祝的预期目的是什么，我很快明白了……

　　52.每一个节日都会在学校情境中呈现出它自己的勃勃生机。狂欢开始于学年内第一个主要节日：万圣节。对大多数孩子来说，万圣节意味着两个"C"，服装（costumes）和糖果（candy）。然而在课堂上，一个事实让我很快意识到事态的发展已经失控⋯⋯

53.在学校穿万圣节服装引发了无数问题。首先关于万圣节服装到底应不应该穿进学校一直以来都存在争议，学生究竟是将服装带进来、换上它，还是集体忽略万圣节的概念，专心上课。如果学生们真的换上万圣节服装，那么问题又来了，到底在哪里换？什么时候换呢？接下来还有关于服装的限制问题，孩子们可以装扮成满身是血的吸血鬼、斧头谋杀犯或者魔鬼吗？男孩可以打扮成女孩吗？女孩可以穿成法国女佣吗？还有一个问题就是该何时举行万圣节化装舞会呢？如果在大早上举行，那在接下来的好几个小时内，每个学生都会感觉筋疲力尽、昏昏欲睡，几乎无心学习。如果在一天快结束的时候开，那么所有学生都别想集中精力干其他事了，学习更是不可能的事！这样的问题没完没了，穿得非常可爱的、鼓鼓囊囊的像装粮的大箱子或大黄蜂的孩子还有一个附加问题：他的座位真的能装下他吗？还有其他附加问题，"富婆"可以带她的狮子狗来吗？"海盗"能带他的佩剑来吗？最后还有一个关于发型和化妆的问题，当学生一遍遍喷洒蓝色发胶，涂抹白面漆、假血渍，许多中学的盥洗室简直因此变成犯罪现场。

54.万圣节的糖果能让老师们发疯。 几乎从九月的第一天开始，当商铺里出现了万圣节特制的有趣形状的糖果时，孩子们就开始将它们带进学校。 这意味着垃圾的增多，意味着孩子们频繁相互讨要更多的糖果，意味着混乱情况的剧增，还意味着他们会因为糖果掀起越来越多的高潮，同时伴随而来的是越来越高的在课上打瞌睡的频率。 节日兴奋的气氛从十月中旬开始逐渐升温，直到十一月上旬，当大多数孩子散尽、吃光手里的糖果之后才逐渐消退。 请注意我们不仅仅在说糖块，还有一些发酸的糖、棉花糖、裹着彩色糖衣的管状糖果，这在我的印象里，简直是不能称其为糖的糖！

还有其他一些我见所未见、闻所未闻的万圣节突发事件……

55.出于很多原因，有些家庭坚持让孩子在万圣节那天待在家中。 例如，我所在的社区，一个巫士家庭让孩子留在家私下庆祝万圣节，然而另外一家人留孩子在家是因为在他们看来，接受并参与万圣节游戏是一件邪恶的事情。 我还知道其他家庭将孩子留在家中的原因有恐惧症、过敏症或者不喜欢怪异的装扮等，几乎有各种可能的原因！ 或许明年我也应该学学这些方法，省点力气待在家里，对外宣称我有"糖果恐惧症"。

56.教师也需要变装打扮。每年你都可能被迫穿上一些荒诞滑稽的衣服，通常涉及某个主题或者至少是一些设计巧妙的、在万圣节流行的、适宜的服装。我看见过老师装扮成油炸玉米饼、当前总统、巫婆、舞台皇后、农民、狗或者其他一些"四不像"的角色。相信我，我说我穿成玉米饼的模样，在午餐时间，整整站了30分钟监督学生就餐真是毫不夸张！

57.部分孩子还会试图跑出教室，因为他们"害怕"。他们可能会宣称害怕另一个人的装束，不管是吸血鬼还是骷髅头，甚至是小丑也害怕；还会叫嚷着说一想到巫婆和吸血鬼就会不寒而栗；甚至会因为要出去要糖果而害怕；或许他们可能真的会害怕看见自己的老师穿成一颗油炸土豆！

58.在我的小镇上，每个兴趣群体都对万圣节有不同说法。例如，LGBT社区[1]提倡万圣节男扮女装，认为这是问题少年彰显自由的形式；一个右翼宗教团体希望这个节日从

---

[1] 女同性恋者（lesbian）、男同性恋者（gay）、双性人（bisexual）和变性人（transgendered）

第十二章 假期

校园里全面禁止；动物维权分子、自由主义者、保守主义者、素食主义者、男人们、女人们，凡是你能想得到的团体都对学校里的万圣节庆祝活动有不同意见，而且其中大部分人都选择毫不犹豫地拿这些观点与教师、行政人员或当地报纸分享。

  59.在学校的校历里，万圣夜的第二天——十一月一号这个日子将会永久性的消失。消失的原因有很多，包括睡眠不足、吃糖太多而导致的头痛等等，师范学校里的老师没有一个人告诉过我这一点！作为对这一特殊节日的终结性评论，我强烈呼吁全美国的立法者：让我们将万圣节永久性地移到十月的最后一个周六过吧，这样至少能让各地的老师和学生多出一天的时间学习，虽然不能多出两到三天，但也是很好的！让我们一起给国会议员和国会女议员写信吧！

  日历上另一个重要节日是感恩节。幸运的是，这个节日已经设法避免了商业化，因此几乎被各地的学校大规模忽视，但是大多数学校都会以组织一场纪念活动或者开展一次历史课来庆祝该节日。另一个好消息是，感恩节给你带来了各式各样的满怀感恩的手工艺品、书面作品、小物件和简短仪式，谁能忘记孩子们用手印绘成的火鸡？慢慢享受这样的氛围吧，因为十二月马上就要来临了，请相信我……

60.等过完圣诞节、光明节和宽扎节，你自己就亟须有个假期休息休息了！不管过什么节日，孩子们关注的重点似乎永远只有两个：礼物和糖果。让我们先来说说礼物，首先，任何地方的学生都会对"节日礼物问题"感到头疼，几乎都要留下心理创伤了，这可毫不夸张！谁送了什么给谁？谁没送东西给谁？那个毛绒玩具是表示"爱"吗？中学女生可以在"维多利亚的秘密"专卖店购物吗？节日前一天送礼物好，还是更早一点好？如果有人送你礼物了，你没有回礼，会受到什么样的舆论谴责呢？糖果算是礼物吗？上课能吃糖吗？对于老师来说，通常只关注一个问题："究竟哪天开始休假？"

61.礼物对老师来说很重要。同样的，当老师之前也没有人告诉过我它的重要性。首先，我经常为每年学生送我的特别棒的礼物而感到惊喜不已。其次，我也偶尔会因为收到荒唐的礼物而感到震惊。当然，有人愿意送礼物给我，我仍然心存感激，可是一盘看起来像是自制的、带着股怪味的东西常常使我不知所措地愣住，同样的还有包装上印刷着巨大的妈妈公司广告的笔记本、两条腿的糖果棒或者是已经开封过的"转手"礼品。

不要自欺欺人，承认这个事实吧：老师们常常会在一起互相攀比所收到的礼物，我们有时候和孩子一样小气！

　　62.老师们送礼物时也会感到为难。 问题的关键在于从来没有人告诉过我是否该送礼物给所有老师、学生，都不送还是都送，或者只送给我喜欢的人，还有我迅速学到的一点：千万不要忘记送给秘书和保洁员，他们是学校里真正的掌权者（参见第十章）。 一张贺卡是不是太低廉了？ 一张贺卡加一根糖果棒怎么样？ 一碟自制的东西会不会显得俗气？ 另外，我还在反复思考一个最重要的问题："假期到底何时开始？"

　　63.这些节日里将会出现更多的糖果。 此时的情形和万圣节相似，只是红色、白色的糖果代替了橘色、黑色的。在节日前的大约两周内，空气里开始弥漫淡淡的薄荷香，节日季似乎也带来了各式各样的饼干。 幸运的是，所有这些节日带来的欢愉随着时间的逼近渐渐达到巅峰，将人们从之前送礼的痛苦阴影和糖果的消耗大战中解放出来。 如果你和我一样难以从狂欢中恢复正常，那么十二月里至少需要整整三天的放空期，之后才能集中精力干正事！

　　另一件我不知道的事是关于新年的第一个大节日，这就是……

64.情人节给各地的学校带来了意想不到的压力。这次的重点似乎又是糖果，但是这个节日还有一些附属物，那是这个年龄段的孩子很少可以合理把控的东西：爱。许多小学老师处理这件事的方法简单又直接：要求每位学生为班里其他同学一人制作或购买一件情人节卡片。这样可以大大降低意外发生的概率，但是仍然会引发担忧：谁收到了什么样的卡片呢？最近送礼的新趋势是对许多家境殷实的同学来说，一张简单的卡片显得太过寒酸，一张卡片加一盒糖果，或者一张卡片加一个小礼物的组合在教室里成风靡之势，这不可避免地使老师觉得，每个学生一张简单的情人节卡片是不是太简陋了一点。刚刚从十二月的精疲力竭中恢复过来，教师的创造性（和钱包）又将遭受巨大压力。

在中学，学生们几乎都不送卡片了，这个节日带来的压力对许多青少年来说简直难以忍受。又是一样的问题，究竟谁收到了卡片？谁收到了糖果？其中传达或没传达的隐含信息是什么？多少人因为这个二月中旬的节日度过了多少个不眠之夜啊！就我个人来说，这个日子里的一些小轶事我也喜闻乐见。一个被丘比特之箭击中的八年级男生，随身抱着一只大红色的毛绒熊（或者是毛绒狗、毛绒龙，或者其他什么）在校园里走，如果在一年内的其他日子，他本不该被逮个正着，但是由于今天这只熊是他心仪的女孩送的礼物，所以就不幸地被抓住了……

接下来这个节日缘起于某种特定文化，但是现在已经在美国各地衍生出了隐含意义……

65.对很多人来说，圣帕特里克节就是给人们提供了一个互掐的机会。 虽然我的学生中真正的爱尔兰后裔非常少，但是在这一天穿上象征幸运的绿衣服，否则就要被掐的潮流已经渗透学校文化中。 听听我的建议，买一包三叶草的贴纸分发给那天你见到的每个学生，相对于那天从头到尾穿成绿色的人，相对于那些宣称自己的内裤是绿色的人，这点小小的投资将大大为你减轻心灵的创伤。 幸运的是，对于各地的老师来说，没有圣帕特里克节的糖果，但是它有可能马上就要流行起来了……

每年当我开始从三月节日的混乱中重生时，我想起来……

66.四月愚人节肯定不会发生什么好事。 没有人告诉过我，在未来的职业生涯中，我最快乐的教学年就是愚人节落在周末的那一年！ 除此之外的每一年，我都不得不接受愚人节的折磨。 愚人节的到来似乎在对各地的学生发射一种讯号："不管老师的底线在哪里，打破它们！"因此本来就没有规矩、无法无天的学生玩起了各式各样的恶作剧，他们把图钉按在凳子上、往锁眼里灌胶水或者拉响火警预报。稍微守点规矩的那类学生则会把教室里的陈设搬得乱七八糟、躲在桌子下、集结全班同学一起同时将笔掉在地上。

然而，我不得不承认，我个人最喜欢的是那种聪明、能察言观色，明白老师底线在哪里的学生。他们最多只是放一只小小的塑料蚂蚁在我的抽屉里、将电脑桌面换成一张八十年代的专辑封面或冒充某个名人给我发条短信。但是不管怎样，我都很期待四月二日赶紧到来！

说到假期，不管你做什么……

67.千万别惹春假！春假一般在国庆节附近，学校并没有对春假的法定公告。有些地方在三月或四月，大多数学校都沿袭着这一历史悠久的传统。虽然这不是一个正式的官方假期，但是如果告诉学校里的任何一个人说春假取消了，试试看将会引发什么样的混乱！

关于春假的许多事我都没被告知过，包括许多学生会利用这段时间到处出国旅行，这可是我想都没想过的（也是我负担不起的）。我还发现自己看到度假回来，被晒成棕褐色、容光焕发的十四岁孩子，也会产生可耻的嫉妒心！

那些不愿意或者不能离开小镇的学生将会经常出现在你附近的商场里。如果你打算在春假期间购物的话，做好接二连三遇到熟人的准备！毕竟，这时候正值春季新款上市。

据我的经验来看，外界实时温度如何对学生（尤其是女生）穿什么影响甚微。一旦日历显示春天到了，各地的学生就开始穿着清凉裸露的服装，其中大多数还是在春假期间买的！

春假过后，大多数学生开始翘首盼望夏天的到来，对剩下任何假期的兴奋期盼都逐渐减退。幸运的是，大多数老师还有一个绵长的夏季假期用来调整休息，开始准备下一年万圣节化装晚会的到来！

第十三章　计划打断

作为一名新老师，我深知自己将不得不处理与课堂有关的任何事。我准备好要做教学计划、检查出勤、评阅试卷、管理课堂、评估学生，甚至接受标准测试，但是没人指出来……

68.每天你的计划都会被打断，次数惊人。

我们从以下这一点开始说起……

69.每个学校都有"常规性打断"，包括日常公告、消防演习以及半年一次的对不同自然灾害的演习，演习的类型取决于当地的气候和环境（我们学校有龙卷风演习）。还包括设施翻新、客人到访、学校修整等众多原因的计划中断。但是我绝不是否认这些活动的重要性，我只是不知道这些活动的开展，会在多大程度上影响我能完成的真正教学工作。

当这些"常规性打断"的影响力被其他障碍放大，事情就更有趣了。有一年，我们在万圣节搞消防演习，看着满校园的鬼魂、巫婆和公主在泥泞的雪地里走来走去，很是令人不安！我说过那天我穿得像一只斑点狗吗？我能设想学校周围的邻居看到那一幕该做何感想。更糟糕的是，这次演习还仅仅是必要性演习，因为我们学校必须每个月都演习，但是那次直到月底三十一号才有人想起十月的演习没有完成，这完全是可以避免的混乱嘛！

下面说说随机性中断事件，我从来不知道还有这样的可能⋯⋯

70.每天你的课堂都有可能被秘书、行政人员、其他老师、其他学生、家长、维修工人、保洁员打扰，甚至学校三个街区半径以内的任何人都有可能来打断你的课堂。有时候，课堂被打断可能是因为有不速之客的造访，有时候是教室里的电话突然响起，也有可能是一阵意外的噪音完全转移了学生的注意力。教学楼刚建好的那段时间，我正上着课呢，时不时地看见区域的维修工人在处理线路问题时，突然硬生生地从天花板上掉下来。学校在每个教室都安装了电话，这是一项不错的福利，但是如果一个锲而不舍的教辅资料销售员得到了电话分机号，福利将变成诅咒。同样的，如果你得罪了秘书（见第十章）那也将是一场噩梦，因为各种各样的骚扰电话将扑面而来。当然，有时候这些课堂的中断是必要的，可能有一些较重大的事件发生，但是大多数情况下并非这样，都是些鸡毛蒜皮或者根本与我们无关的小事将课堂打断。

接着……

71.如果窗外天气骤变，就别指望课堂上还能做成任何事！没错，天气是一项最主要的干扰因素，冬天里的第一场雪，春天里的第一个阳光明媚的日子，夏天里的第一场惊雷，以及其他任何不寻常的天气都会引发一场严重骚乱。你可能会认为，住在科罗拉多州的孩子对雪应该是见怪不怪了，但是每次遇到在上课时间下雪，大多数孩子似乎都觉得有必要对此发表点什么感慨，例如充满惊喜地高呼"下雪啦"，或者如果可以的话，他们一定会冲到窗边去亲眼看个仔细。即使评也评论了，看也看了，回到座位上坐好之后，细心的老师会发现，孩子们的心思根本已经不在课堂上了。 下雨、刮风也是同样的情况。

下一类干扰事件在我工作期间发生的频率较低，但是它的影响力巨大，那就是：一只不起眼的小虫。

72.教室里的任何一个生物都如同食人鲸，因为它们几乎能制造同等程度的骚乱，造成课堂中断。 一只小蜘蛛可以引发一声尖叫，一声尖叫能引发一阵歇斯底里，一阵歇斯底里之后，你就别想完成任何教学目标了。 当然，如果是一只大蜘蛛，事态的严重性将翻倍，再如果某位同学坚持要抓住它，并把蜘蛛晃到其他人面前，问题冲突将加剧。 蜘蛛还不能和蜜蜂、黄蜂相提并论，因为蜘蛛很容易被逮住、消灭，蜜蜂、黄蜂可不容易。 如果你上课教室的天花板很高，这个问题（随之而来的歇斯底里的吼声）将会持续更久。 再加上担心孩子们被蜜蜂叮咬后过敏，你最好选择放弃上课，集中精力在小昆虫上，因为教室里的其他人也会这么做。

有时候你还可能被老鼠打断。 这在我们的学校建好之后是常有的事，甚至有时我在二楼都能看见一条小尾巴从门缝里一闪而过。 这种情况下，你最好期待没人看见这一幕，随后再处理（在下课后，没有学生在场时）。

这让我想起……

73.不管如何害怕,你作为老师,都必须尽快、尽可能悄无声息地将不速之客赶走,这是老师的职责所在。 这意味着,你可能要脱下鞋子打扁某条虫或者随手拍死空中的一只蚊子。 如果你不愿干这些事,那就准备好事态升级、情形失控吧。 如果闯入课堂的小动物实在体积太大,你不得不寻求他人的帮助(例如一只鸟),这就意味着整堂课或者整整一天的教学安排都被临时取消了,因为你们班将会成为全校师生的热点话题。

接下来要说的这类干扰可能是我所在的学校独有的,但是我不确定其他学校是否也有类似的情况。 我们有一个组织叫 ERT,也就是紧急应激组织(Emergency Response Team),每当有学生突然生病或者受伤,他们的工作就是首先赶往现场救助,这项工作非常重要。 可是问题是,为了能随叫随到,办公室有专人负责通过对讲机呼叫他们。 每当这个时候,全校学生都能听见某地的某个学生出现了紧急情况。 如此一来……

74.一个人的紧急情况将迅速激起每个人的好奇心。 就像那些停下赶路的步伐围观交通事故的人一样,学生们感觉有必要知道谁受伤了、伤势怎样。 从我的教室望出去,视野非常开阔,可以看到大部分操场,这也是绝大多数事故的高发地点。因此，每当 ERT 小组开始出动，总是有学生跑到窗户边往外张望。无论课堂上在讲什么，无论我认为教学内容多么具有吸引力，很显然对学生来说，窗外发生的一切更加吸引眼球。不幸的是，虽然这些紧急情况转瞬即逝，但是陷入其中的孩子们却久久不能平静，你只能眼睁睁地看着一整节课的时间在眼前耗费。

长远看来，最后一种干扰的影响不大，但是如果你才十三岁，情况就不是这样了。请记住……

75.在上课的日子里，一定不能对学生服装上出现的故障问题掉以轻心。衣服坏掉的拉链、撕裂的口、断裂的皮带、侵染的墨渍对男生、女生来说，都同样具有引发骚乱的可能。聪明的老师总是随身携带安全别针和去污洗涤剂，以备不时之需，防止事态扩大化。

如果事情弥补起来不太容易，那么就准备好……

76.学生们可以把弥补问题变成比原本问题更严酷的考验。举个例子来说，有学生用了一整卷透明胶带"修整"他鞋子的破洞，我的大多数学生都尝试过用订书机把衣服上撕裂的部分订起来。当然还有学生认为需要寻求各方的帮助，例如大声叫喊："珍妮（女）、凯尔西（男），你们可以一起来厕所帮我修理我的衬衫吗？"我发现一旦学生认为自己的衣服出了问题，你最好让他当场解决，否则的话，接下来这段时间直到问题解决，他们干不成任何正事。

最后一类干扰在前文中偶有提及，就是"设备障碍"，我惊奇地发现……

77.几乎教室里的每样东西都可能出问题，从而拖慢你一整天的教学进度。我对此类事件的亲身经历颇为丰富，包括正上着课时讲台崩塌、过热的投影仪灯泡烧坏、远程操控的遥控器电池耗尽、订书机卡针、突然停电、灯泡闪烁不定，还有桌子腿折断。以上情况还不包括学生捣乱引发的设备障碍，包括水管泄漏、桌椅破损和（我印象最深的）墨水大战。在我的认知范围内，从来不知道钢笔还会突然自己"爆炸"，但是有无数学生跑来告诉我，就是因为钢笔突然自己爆炸，所以弄得他们满手、满脸、满书都是墨水点子。这种事件发生之频繁，找这种蹩脚借口的学生数目之大，以至于如果我可以从他们每个人那里得到一块钱的话，我就能攒够钱提前退休了！

第十四章　人体生理功能

在讨论这一话题之前,我要出具免责声明:这一章不适宜有洁癖、易呕吐的人阅读! 虽然我会尽量使用委婉语,但是如果你没法坚持阅读"人体排泄功能""学校"等词汇,以及偶尔两者不那么适宜的结合,请直接跳到十五章。

没有人告诉我……

78.人体生理功能将在教室里扮演着重要的角色! 在我的家庭里,成员们从来不公开讨论与人体生理功能相关的话题,我对此也习以为常。 因此,你能想象,当我第一次看见两个男孩决定开展一场"放屁大赛"时，当我看见一个长相甜美的小女孩展示她打嗝打出整个英文字母表的技能时，我的震惊程度吗？ 还有一次，一个男孩举手询问是否可以去厕所，接下来他形象地向全班同学描述了即将在厕所做什么的细节。 我的天！ 这还不包括生理功能失常的情况，例如流鼻血和呕吐。 从严格意义上区分，我最可怕的一次经历不知道算不算生理功能方面的，但是绝对与身体有关。 曾经有个学生，上课时跟我请假说要去更衣室，然后等他一离开教室，刚转头就把自己的眉毛给刺破了。 事后才知道，他是因为与喜欢的女生打赌，所以借了同学的耳环亲手划破了眉毛。 很显然，他本以为我注意不到他的行为，结果事情闹得太大，根本遮掩不过去了。 他用手掩着眉毛回到教室，从表情中可以看出还是有点痛苦的。 从来没人告诉过我，自己所带的学生中，还会有人故意刺伤自己。（如果你想知道后续事宜，他被立即送到医务室，然后送回家，接着被带去医院治疗。 回来的时候被缝了一针，还裹着厚厚的纱布，压根没给他喜欢的女孩留下什么好印象！）

好消息是我很快明白……

79.优秀的老师懂得何时该假装冷漠。 对于这些粗俗的行为，我表现出越强烈的惊恐，学生们的反应就会越激烈。

通常来说，最好的反应就是采取他们意想不到的方式，例如冷不丁地说一句"我觉得你应该多吃粗纤维"或者"你需要看医生吗"。我还尝试着将纸巾盒放得离自己的桌子远一点，这样常年不断地"鼻子吹风机"就会离我远远的。这一细微的动作简直带来了大大的改变，拯救我于水火之中！

还有一点，学生们在满足自己任何生理需求之前，总是得征求你的同意。没人告诉我……

80.我有权利决定是否准许他们去！说真的，这世上还有什么工作是有人必须征得你的同意才可以去上厕所？想到这一点我就觉得有些不真实。

还有……

81.事情总有"意外"。当然意外发生的频率、类型和严重性随着年级的不同而不同，但是我能确定的是，没有哪一个工作五年以上的老师，没被这样或那样的与生理问题有关的课堂意外影响过。在这样的情况下，我建议快速反应（一般情况下包括清理污秽物），然后重温第79条。最糟糕的是，你可能会遇到随堂大小便的情况，所以做好准备。

如果你觉得学生发生类似意外的频率不高，让我告诉你一件两年前发生的事。一个患有肌肉萎缩症的男孩似乎没有意识到自己的肢障辅助犬正在吃地毯上的订书针，接着订书针刺激了博斯特（狗的名字）的消化系统，导致它将针连同午饭一起排泄出来，弄脏了教室的地毯（还同时伴随着恶心的咳嗽声）。再加上当时班上有一名自闭症男孩，他看到这一幕之后，觉得有必要向班上其他同学细细描述地板上的污物以及其内容，他的加入让事情变得更加让人难以忘怀。坦白讲，当时我能做的只有笑，然后请保洁员来打扫，那一刻，我多么庆幸有另一个成年人在教室里和我一起见证这惨烈的时刻，谁能设想那个情景！

接下来……

82.学生们总是热衷于吐唾沫。他们表达这种热爱的方式各异，通常以咀嚼某些不能咀嚼的东西的形式来表达，但有的时候也通过流口水，或更可怕的是，通过从口中喷射出团装物的形式来表达。一次，一个学生从口中吐出一团纸，从教室这头飞到那头，当我教训完他之后，有人告诉我（当然是学生）他不是真正地在吐唾沫——他只是在"用嘴扔东西"。他们似乎可以通过各种稀奇古怪的方式找各种借口歪曲人体生理功能！

再谈一个相关问题，我从不知道……

83.上课期间，教师通常不允许去上厕所。我猜想我本应该在上学期间就明白这一点的，因为十二年来，我几乎想不起有看见哪个老师去上厕所的情形。现在想想，那时候的人们也更注重隐私，教职工的厕所大概隐藏在教学楼的某个犄角旮旯里。无论如何，我一点都不知道，作为老师在上班期间，一旦开始教学，就将不得不抑制所有的个人需求。

不单单是没时间上厕所，而且还有一大堆理由凑在一起说服你不能去上厕所。

第一，教师让学生知道自己也是正常人类是一件很冒险的事，许多学生会深感痛苦地发现老师居然也需要上厕所。

第二，上厕所意味着有大段的时间不能亲自监控班级情况，这时候发生问题的可能性将呈指数倍增长。

第三，使用厕所本身也颇具风险：鞋子上粘上粘蝇纸、卫生纸，不慎将裙子掖进内裤，不明原因的飞溅物，等等。

第四，我所在的学校还有来自高科技的风险：自动抽水马桶和感应水龙头。这里有两个由高科技设备引发的问题的典型例子。

第一个例子，有一次上厕所时，我习惯性地把所有的教学文案放在水槽上面，重力导致文案沉入水槽，然后触发了自动水龙头工作，当我坐下来准备阅读教案时，它已经被水泡得一团糟。

第二个例子，在我工作的学校，老师不小心将东西掉进厕所是常有的事。一般都是这样的，老师坐下来开始上厕所，突然电话/工牌/手链掉进了厕所，正当老师站起来准备去捡，自动冲水马桶立即自动冲水，东西随之冲走。之后不得不打电话给城市环卫部门寻求帮助，还是有"幸运儿"可以找回物品的，虽然这样的情况在我工作的地方很罕见。

　　最坏的情况是，在上课期间，当你实在没有办法，不得不屈服于自然的召唤去上厕所时，请记住……

　　84.永远不要试图在匆忙之中使用卫生间。而是要谨慎小心、预留大量的时间对可能引发的不可预见性事件做好准备，因为它们很有可能发生。

第十五章　不可预料的责任

　　所有教师都知道自己这份工作意味着责任。包括监护、计划、指导，建立集体归属感和和睦相处的氛围，遵循地区和国家的方针指引，做优秀市民。然而，我不知道的是……

　　85.从没有人警告过我，教师有数十项杂七杂八的责任。有些责任是必须的，有些则是倡导性的，但是最好认真对待每一项，在大多数情况下，履行这些责任会让老师变得更优秀。

第一类责任包括……

86.对于上课期间许多出乎意料的责任做好心理准备。你必须知道除了岗位介绍上描述的职责外，还有各种事情需要处理，而且你还必须利用"空余"时间去完成。有些事和学生直接相关，还有一些并不相关，其中包括一些生活琐事，例如监督学生吃午饭或者排队过门厅，最可怕的是打电话给社会服务组织，讨论虐待儿童或疏于看管儿童的案例。除了这些极端事件以外，还有例如"精神文明日"之类的事件，这一天每个人都必须根据某个主题隆重打扮；还有在紧急情况下帮助同事看管他的班级；或者不得不代接其他人的电话分机，好让它停止叫下去。

另一个我经常担任的不寻常的责任是试吃烹饪课上孩子们做的各种怪异的食物。我只能这样跟你描述这一情景，通心粉和奶酪看起来像橡皮泥，八宝饭看起来像胶水，或者那盘咖喱拌的神秘砂锅菜看起来并不像我认知范围内的任何东西！尽管这样，我和我的同事仍然尽力品尝过，并不是因为我们饿了，而是因为"大厨"们对自己的作品相当满意，迫不及待地想要分享给我们。但有时这项职责也可能会有积极的结果，那就是某位同学超常发挥，为我们带来一份美味的午餐点心！

第十五章 不可预料的责任

下一个要知道的事情是……

87.上课时间不仅仅局限于上课时间。 换句话说，除了正常的上课时间，教师还有课后跳舞活动、课前监督、随时待命的会议通知，在家还得批改作业、履行委员会的职责、组织班级家长开家长会、参加体育比赛和俱乐部会议。 责任的范围很广泛，但这些责任的确存在于我所知道的每一所学校。 另外，还有一些活动是教师不必强制参加的，但是你可能会觉得无论如何都需要参加一下，因为你的学生正摩拳擦掌、跃跃欲试，想要大展身手。 你可能会发现自己出现在空手道毕业表演现场、钢琴演奏会的观众席中、啦啦队比赛场上或者宗教仪式上，所有这些都不是工作意料之中的部分，却可以给你带来无限愉悦。

不那么愉悦的地方在于……

88.教师也有家庭作业。 虽然有很多减轻家庭作业负担的策略，但是你还是会无数次地发现自己正在家里改作业、写反思、列计划、做教案。 作业量的大小和作业频率的高低取决于你教什么科目、你对课程的熟悉程度，以及白天上班时间里，你正准备干这些事情时被打断的次数（见第十三章）。 在教学的第一年，我每天在家花费两到三个小时的时间仅仅为了搞清楚明天要教什么。 这样的情形会随着你的工作熟练度的上升而有所缓解，但是现在，作为一名英语教师，我发现如果不把学生的作业带回家，集中精力花费较长一段时间，将很难合理地对学生的作业做出评判（尤其是他们的文章）。这还不包括，我得开展大量的必要性阅读，才能掌握有用的青少年文学知识，更别说我还要读多少书才能够开展教育研究、紧跟教育研究的趋势了。

最后，教师还有责任紧跟流行文化的潮流，这意味着……

89.优秀的教师还得在电视上观看大量的垃圾节目，这些节目通常是他们在任何情况下都绝不会涉足的。具体要看什么节目、逛什么网页根据个人的兴趣不同而有所差异，对于我来说，经常看的有花式滑板表演或衣着暴露的男女生住在一起进行生存大挑战等类型的真人秀节目。毕竟如果这些节目正在影响着学生们，它们也正间接地影响着教师，这意味着教师偶尔了解一下这些节目是个不错的主意，即使你感到它们过多地扼杀了你的脑细胞。同样的道理也适用于音乐、杂志、游戏和网站，在你觉得自尊心受挫的每时每刻，都记得提醒自己：这是在做研究！记住，如果你被学生的时尚潮流抛弃得太远，就将失去他们的尊重，我们都知道这会带来怎样的后果（见第一章）。

第十六章　其他莫名其妙的意外

工作一小段时间后，我发现……

90.老师的某些话语才是最奇怪的！ 我从来不知道，类似"吐出你的口香糖""拉起你的裤子"这类短语会经常性地从我嘴里冒出来。 事实上，这些词汇已经成为老师话语体系中非常普遍的一部分，我甚至已经习以为常的在购物中心对陌生人脱口而出这样的指令。 我也从未想过会随机说出"为什么在自己身上写字""不要翘起你的椅子""不要吃笔"这样的句子。 不时地，我会停下来反思这些指令，但每次我都发现这样做不太明智，还是不反思为妙！

我的下一个惊喜是……

91.整个社会对教师怀有太多预期和设想。包括总认为所有老师都是民主主义者、所有老师都属于工会、所有老师都结婚了、所有老师专业发展的最终指向都是做教育行政人员、所有老师都是古板老土对时尚一无所知的，以及所有的初中老师都在心里默默期许能教高中。关于具体学科教师的设想包括所有的体育老师都是失败受挫、表现平平的大学体育生，所有的英语老师都是失意的作家，所有的话剧老师都是不得志的导演，所有的乐队指导老师都是混不下去的音乐家。所有这些观念可能都源于一句古老的谚语"做不好的，就去教书吧"。我只想说，还将这些假设奉为真理的人真的需要多花点时间在他当地的学校里，和老师多交流交流！

接下来，我惊奇地发现……

92.绝大多数学生在课堂之外的地方看见老师都会由衷地感到惊讶不已。正如在第十四章中提到的那样，我上学的时候，从没见过自己的老师去上厕所。除此之外，我还要补充，我从没见过老师去购物、剪头发、外出吃饭或者做任何普通人要做的普通事，有一点我敢肯定，就是这些事他

第十六章 其他莫名其妙的意外

们一定做了,只是在我没看见的时候。 由此可见,每当学生在商场碰见我,撕心裂肺高呼我名字的时候,每当有学生大惊小怪地问我在杂货铺干什么的时候,我本不应该感到惊讶的。 但是,我还是不由自主地感到惊讶! 即使是在当今世界,老师下班后干什么、去哪里居然还带有那么一点神秘色彩,学生在校外遇到你,竟会有各种奇奇怪怪的反应。如上所述,他们可能兴奋得失声尖叫,他们还可能一溜烟地跑开并躲起来,他们还可能喋喋不休地询问你在买什么,或者感到有必要把你介绍给每一个与他同行的人。 无论如何,他们永远不会仅仅简单正常地说声"嗨",然后走开,所以,敬请期待各式各样有趣的偶遇吧!

接下来这一点从未有人直接教过我,但是实践证明,它在各种情况下都异常有用。 这就是……

93.对于教师来说,没有什么技能比自我约束更重要。在你的职业生涯中,一定有千百次的冲动想做以下全部的事情,至少是其中的一部分:朝学生大吼大叫、在课堂上骂人、瞪眼睛、侮辱调皮捣蛋的学生、甩脸色、泄露某人的秘密、扇某人一耳光、穿过整个教室向某个学生砸东西,或者在某个特定的瞬间说一些言不由衷伤人的话语,请记住,控制住自己,千万不要那样做。 找一个值得信赖的朋友或者养一条忠诚的狗，你可以和他们一起分享内心的沮丧，如果选择这样的方式来发泄，你以后一定会感谢自己！

"为未来担忧毫无意义，因为等到了那一天，一切都成了过去式！"

第十七章　最后谈一些快乐和惊喜的事情

　　很自然的，为了能在有限的时间和空间里涉及更多的学生，教师总是倾向将指令泛化、概括化，这造成的结果是教师的大多数时间都与某个组群的学生一起度过，这些群体或大或小，以至于你很可能忽视某一特定的学生个体。另外，大多数教师都认为学生跟自己当年在学校时候的情形一模一样，有的是这样的，但是大多数都和你不一样。无论如何，不要小瞧了他们……

　　94.一旦你开始试图了解学生，一定会发现一些令人惊喜的事情。对老师来说，找到充足的时间去了解每个学生是一件很困难的事，但是这却很值得。因此，在学校教育的经历中，最后几件没人事先告知我的事都与特定的学生个体有关，如果愿意耐心听他们倾诉，你将会从他们身上发现其独特之处。

95.你一定会对学生的需要感到惊奇。有太多的孩子，他们需要的仅仅是被倾听。他们或许会感到没人愿意听听他们的想法，或者他们总感觉自己被误解、不被理解，从而感到孤独。他们可能遭遇不幸的家庭，或者他们只是想要自己敬重的人给予一点建议。即使对在最好的环境中成长的青少年来说，他们也正面临着要应对生活中方方面面巨大改变的挑战。作为一个老师，你处于一个影响他们抉择的特殊地位，这绝不是一项可以轻视、可以马虎对待的责任。

96.学生表达自己意愿之强烈会令你感到惊喜。一旦做好倾听的准备，你会对学生所谈论的内容感到惊讶，你会发现，就在你的学校会有那么多的艺术天才、哲学家、音乐家、旅行达人、时尚专家和运动员。还有孩子会拼了命地想要和你分享他们有什么特长、他们害怕什么以及未来有什么目标。

有时候，这些与学生大胆的、敞开心扉的交流可能会暴

第十七章 最后谈一些快乐和惊喜的事情

露一些敏感信息，例如你可能从谈话中知道学生的某位亲人去世了、某人患有饮食失调症或毒瘾缠身。在这种情况下，你需要与行政管理人员或法律顾问商议，看看接下来要做什么必要的后续工作。这些与学生间的对话有时可能会令你感到揪心，但是根据我的经验来说，揪心总比不闻不问强。

　　97.学生的适应能力将令你感到惊讶。从事教育事业这些年来，我一直惊叹于孩子们超强的适应能力，他们一方面面对着巨大的挑战，另一方面还能健康快乐地成长。不管是个人问题、学业问题还是家庭问题，或者这些问题交织在一起，大多数学生都能学会去调整适应，然后保持始终向前发展的态势。如果你有幸能参与到学生的改变与发展之中，那将会是你一生的财富。

　　在这里，我将从亲眼看见的数以百计的例子中选取几个有代表性的故事来说明孩子们有着强大的适应能力。第一个例子中的男孩正在上七年级时，他的姐姐自杀了，男孩倍受打击，不再做作业、用头发遮挡住眼睛、沉默寡言，似乎毫无意愿要完成中学学业。我和其他任课老师甚至不确定他能不能继续活下去，更别说奢望他能茁壮成长了！八年之后，我在当地的体育运动比赛中看见他，当年阴郁的小男孩如今俨然长成一位英俊潇洒、阳光自信的青年，我费了好大劲才把他认出来。他还记得我，并向我介绍了自己的近况，他已经大学毕业了，现在正在墨西哥的一个贫穷小山村里当英语老师，说着还给我看了他所教的年轻的学生的照片，向我诉说着能做自己喜欢的工作是多么的自豪和骄傲。

我要说的下一个例子的主人公是一个八年级的女孩，从她十二岁以后就没把心思花在学业上，尽管家长、老师找她谈心，也给她请了家教、上暑假补习班，但是效果总是令人沮丧，她还是每门科目都无一例外地挂掉。突然在八年级的某一天，她决定要好好准备考高中了，就像上一个例子中的男孩那样，这位女生开始努力学习，主动向老师、同伴寻求帮助，为未来做打算，她几乎把自己的整个世界都扭转了。当两年后，我对她进行跟踪调查的时候，她已经登上了本地高中的荣誉榜。我希望能从她身上获得一些可利用的学习策略，于是问她到底是怎么学习的，怎么做到从一个不学无术的问题学生转变成一位品学兼优的优等生的？不幸的是，她的回答要让表现不尽人意却又渴望进步的学生失望了，女孩只是告诉我"当时一下子顿悟了"，除此之外，没做过多的解释。但是，我实在不提倡这样的学业成功之路，这个例子给不了无法达成目标的学生以希望。通常来说，孩子们都是可以成功的，只是要给他们多点时间去实现！

除了以上两个典型的例子之外，还有学生克服学习障碍、意外事故、疾病、父母离异、丧父丧母、意外怀孕、搬迁，以及数不清的其他困难的例子。你将会发现，许多孩子正挣扎在一些你认为无足轻重，但是他们觉得很严重的困境中，例如与朋友的争吵、尴尬的糗事或者考试失利。一路走过，经历了种种，当你花点时间注意到孩子们强大的力量时，你也会发现自己变得更强大了。

98.孩子们总能以他们宽广的知识面震撼我。当我刚开始教书时，我觉得作为老师，掌握一切知识是很关键的，包括掌握每篇课文的内容、阅读每本书、了解每个作者、熟知每个语法。毕竟在我看来，这难道不是每个老师都应该做到的吗？结果证明了另一件我尚且不知道的事，那就是无所不知是不可能的！我很快发现，总有我不清楚的知识点，随之我更惊奇地发现了一个事实，每当我不清楚的时候，总有学生可以来帮助我填补知识空白。

在这一点上我的建议是双方面的。一方面，尽力去了解所有知识点，充实自己，并勇于承认自己也有不知道、不清楚、不明白的地方。另一方面，在承认对某个知识点的无知之后，向学生请教。我保证这样做会让你更开心，也会让你成为更优秀的教师，再加上这为你真正学习新知识创造了无数可能性，并给学生树立了一个学习过程的典范。

例如，我第一次讲埃德加·爱伦·坡的作品时，有学生立刻从课本上作者的生平简介中注意到他很年轻就去世了。不可避免地有人发问："他怎么死的？"当时编造一个说法的念头在脑中一闪而过，随后我决定坦白承认对此并不清楚。我询问班上同学，他们是否听说过什么说法，他们中的大多数人表示好像记得是死于疾病，好像是心脏病，又好像是谋杀。虽然没有人能给出肯定信息，但是引发了一场精彩讨论，大家对于作者那段时间可能经历了什么展开了畅所欲言的讨论，接着还提出了一系列我们可以找到答案的路径。第二天，我和许多同学都在班上报告了我们课后查阅资料的结果，并对我们做的记录进行了比较，每个人都强烈而深刻地感觉到，所有人都学到了新东西。

99.学生的能力会让你震惊（如果你给他们机会表现的话）。虽然，在常规性教学活动过程中也很有可能开发学生的潜在天赋，但是最让人震惊的是当我分配一些较具开放性的任务时所看见的情形。举个例子来说，第一年教希腊神话这门课时，我将学生分成小组，安排他们选择一个古老

第十七章 最后谈一些快乐和惊喜的事情

的奥林匹亚神话搜集资料、展开探究，最后展示给全班同学。（我不得不承认这种做法只是出于一种自我保护，因为从八年级开始我就没上过神话课，所以我希望能争取点时间提前备课。）

之后，有一组学生制作了一段令人惊叹的关于赫拉克勒斯的十二大功绩的纪录片，视频的特效非常精彩，包括化妆成一头巨大的克里特岛上的公牛（有牛角），由此演绎赫拉克勒斯抓住并驯服公牛的故事；在沙箱里建造一座微型的奥革阿斯的牛圈，这样他们就能模拟出"水淹牛圈"的故事；他们还把狗打扮成革律翁的牛群的样子。整个视频加上了音效、片头和花絮片段，令人印象非常深刻。

另一件令人难以置信的作品来自一位年轻姑娘，她决定通过策划、写作、画插图，编辑一本叫《殖民地的年轻人》的杂志，给大家展示她对于殖民时期的美国的了解。她书中的文章包括"如何一边品尝着奶茶，一边减肥""简单五步缝制你自己的无边帽""波士顿品茶会上最受欢迎的单身汉们"。对我来说，这本书不仅完美的包含了她所已知的知识，还展示了她探索的成果，如果我没有打破常规的课堂结构，放手看看她能做出点什么的话，我将永远看不见这份惊喜。

当然，也有一些很努力的学生仅仅只能完成要求以内的部分，但是我发现，只要我做好准备，准备从学生身上学到的东西和预备教给他们的东西一样多，惊喜就不会停止。

接下来说最后一点，但绝不是最不重要的一点……

100.学生们的慷慨和同情心会让你感到惊讶。有时候孩子们会吝于做出善良的举动，例如给新来的同学提供一个空座位，或者借出一支铅笔（不要扔给对方）。另一些情况下，慷慨和同情心会大规模蔓延，我发现特别是在有人真正需要帮助的时候，这种趋势表现得越发明显。孩子们真心想要为这个世界做一些小小贡献，有时候他们在等待的只是一个机会。

为了说明这一点，我只需要将你们带回到 2007～2008 学年伊始，我们学校的一位老师被诊断出得了肺癌，他才刚刚满 58 岁，看起来那么健康，因此大家知道他如此可怕的预诊结果时都非常震惊。当坏消息传到学生那里，他们开始做出惊人的爱心举措。最开始，孩子们写慰问卡、画海报，送出最真挚的祝福。随着病情的恶化，治病的费用直线上升，筹款集资开始了。家长和老师们非常努力地寻找各种途径募捐，但是最让人感动的是孩子们的努力。不说别的，每个星期五被孩子们设定为"罗梅罗先生的帽子

第十七章　最后谈一些快乐和惊喜的事情

日",孩子们被允许在原本禁止戴帽子的校园里戴上帽子,帽子作为募捐的符号,号召爱心人士的捐助,哪怕一人只有一块钱。 事实上,帽子只是用来提醒我们募捐的原因,鼓舞人心的是,我们看见有那么多的人主动参与到这项善举之中。 爱心筹款的结果令人震惊,孩子们带着各式各样的帽子来支持他们的老师,随之而来的是每周都能筹集到数百元的资金。 有一个学生决定把他积攒的一大瓶硬币捐献出来,甚至当他发现所有面额加起来达到了1100美元后,也还是毅然决然地决定全额捐出。

罗梅罗先生最后于2008年7月4日去世,他给每个与他相识的人带来了启发,尤其是学生们永远都不会忘记罗梅罗先生教给他们的道理。 在我们整个社区,他也为人们提供了可贵的机会,让大家可以通过奉献自己的爱心从而成为更好的人。 他离开这个世界的时候,深深地感受到自己是被周围人的爱浓浓包裹着的,他一定还能意识到自己的影响力远远超越了原本以为可以辐射的范围。

……

过去我总认为教学仅仅和学生有关,现在我发现虽然学生是教学的中心,但是教学也不仅只意味着学生,还意味着其他更多的东西。 这份工作的名称叫"教学",事实上包括表达、倾听、学习、反思、规避、反应、回应、分享、关爱、阅读、写作、策划、会议以及偶尔的恐慌。从以上种种的工作中我发现，最好的惊喜在于……

101.如果你抱着端正的态度，做好准备应对一切不期而遇的人和事，那么教学将会变成你所从事的最艰难，同时也是最快乐的工作。